“本书获得高校人文社科重点研究基地浙江工商大学现代商贸研究中心项目资助”

现代商贸服务

企业合伙制
管理改革与创新

任家华　应陈炳　胡康康　著

XIANDAI SHANGMAO FUWU
QIYE HEHUOZHI GUANLI GAIGE
YU CHUANGXIN

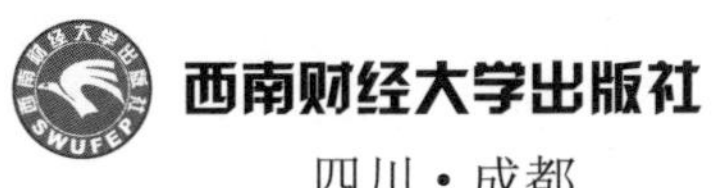

西南财经大学出版社
四川・成都

图书在版编目(CIP)数据

现代商贸服务企业合伙制管理改革与创新/任家华,应陈炳,胡康康著.—成都:西南财经大学出版社,2018.9
ISBN 978-7-5504-3330-4

Ⅰ.①现… Ⅱ.①任…②应…③胡… Ⅲ.①商业企业—合伙企业—企业管理—中国 Ⅳ.①F721

中国版本图书馆 CIP 数据核字(2017)第 3255449 号

现代商贸服务企业合伙制管理改革与创新
任家华 应陈炳 胡康康 著

策划编辑:植苗
责任编辑:植苗
助理编辑:金欣蕾
封面设计:墨创文化
责任印制:朱曼丽

出版发行	西南财经大学出版社(四川省成都市光华村街 55 号)
网　　址	http://www.bookcj.com
电子邮件	bookcj@foxmail.com
邮政编码	610074
电　　话	028-87353785　87352368
照　　排	四川胜翔数码印务设计有限公司
印　　刷	四川五洲彩印有限责任公司
成品尺寸	170mm×240mm
印　　张	11.5
字　　数	155 千字
版　　次	2018 年 10 月第 1 版
印　　次	2018 年 10 月第 1 次印刷
书　　号	ISBN 978-7-5504-3330-4
定　　价	78.00 元

前　言

在新经济时代，人与组织之间的关系和力量对比发生了改变，不同于原先那种金字塔式的层级结构，组织的结构开始变得更加扁平化和网状化。内部市场化与组织“失控”成为企业管理新常态，大众创业的时代已经来临，人才大争之势不可阻挡。在“大众创业、万众创新”浪潮下，合伙制已然成为企业创新的源泉。许多拥有共同价值观、使命感的人为了共同事业走到一起，形成合伙人。合伙制管理几乎成为创业公司的标配，并成为风险投资者评价的重要因素。与传统的股权激励相比，合伙人管理机制除了通过一定的股权和分红权来绑定人才，更重要的是找到志同道合共同奋斗的人。这种价值观的认同和主人翁的精神是非常重要的。经济的新常态倒逼企业转型升级，打造创业平台成为必然趋势。

“合伙”是最古典的组织智慧，具有悠久的历史，长期以来一直是一种重要的企业组织形式，时至今日又被人们赋予了新的意义，并开始在企业中发挥重要作用，焕发出旺盛的生命力。最近几年，很多标杆企业都在推行合伙制管理模式，希望变革员工身份，从雇佣与被雇佣的劳资关系转变为共同创业的合伙关系。这些管理机制不同于法律意义上的传统合伙制，也不同于股份制下的员工持股或股份合作制。合伙制是组织激励框架下人力资本相对于物质资本议价能力提升的必然结果，更是公司体制与合伙体制相互交融之后所形成的一种新制度模式。

人才在生产要素中的地位越来越高，合伙制成为公司组织模式变革的一个重要方向，而且很多公司的改革已卓有成效。虽然这些公司的合伙制不尽相同，但制度设计的出发点类似，就是通过与人才合伙，发挥人才的创造力，形成公司的持续创新能力，以迅速响应客户需求，提升公司运营效率。当然，合伙制管理的改革也将面临一系列挑战和风险，深化实践和创新是判断这件事的唯一标准。

随着新技术的进一步应用、新的生产模式进一步展开，人力资本越来越稀缺，合伙制的道路将越走越宽。未来不再有公司，只有平台；未来没有老板，只有创业领袖；未来不再有员工，只有合伙人。在互联网经济时代，现代商贸企业的竞争将是知识的竞争。同时，未来资本市场能否逐步放松同股同权原则、实施更严格的合伙人信息披露制度等也将进一步影响我国合伙制管理的深入发展。

本书由浙江工商大学的任家华、应陈炳与胡康康撰写。具体分工如下：任家华负责主要章节内容；第三章及第四章部分内容由应陈炳与胡康康负责编写；最后由任家华完成全书的修改与定稿。

本书的完稿获得了许多支持。本书获得高校人文社科重点研究基地浙江工商大学现代商贸研究中心项目资助。在本书的撰写中，参阅了大量的国内外书刊和电子文献，在此，谨向这些文献的作者表示衷心的感谢！

作者

2018 年 9 月

目 录

第一章　合伙制管理总论

第一节　合伙制管理的产生背景

最近几年，合伙制管理在永辉、万科、阿里巴巴等企业得到快速发展，合伙制管理成了管理界的热点。这些公司的合伙制管理并不是法律意义上的合伙人制度，它是“公司制+合伙制”下的管理机制，体现了新经济时代下的商业逻辑与互联网思维，实现了资本、技术、人才的合作共赢、共创共享。

一、新经济促进了“人力资本”的发展

> 下一个社会将是知识社会，知识将成为社会的关键资源，知识工作者将成为主要的劳动力。
>
> ——彼得·德鲁克（现代管理学之父）

在工业时代，由于规模化的需要，机器、厂房等固定资产是生产经营的主要要素，而人的因素为次要要素，物质资本者是剩余控制权和收益权的拥有者与治理者。因此，物质资本家拥有剩余控制权和收益权的公司制

开始流行。

自从经济合作与发展组织提出知识经济以来，创新经济、网络经济、共享经济迅猛发展，这些“经济”其实都是“新经济”。随着各个国家的国民经济知识化水平的提高，每个经济元素中所包含的知识和科技要素越来越多，知识和经济成果在国民经济发展中的作用日益凸显，知识创新能力在要素组合中起着决定性作用，经济发展的主要动力也正在由物质资本向“物质资本+人力资本”转变。新经济时代下，融资渠道日益多样化，物质资本也越来越证券化，物质资本不再像工业时代那样难以获取。同时，由于经济全球化，生产要素的组合在全球范围内发生了很大变化，知识流、信息流和技术流的发展速度和规模都大大超过了以往的水平，知识创新能力在要素组合中起着决定性作用，人的价值也越来越被充分地释放出来。物质资本的依赖性在逐渐下沉，人力资本的依赖性在逐渐上升，这使得物质资本与人力资本的关系再次发生了转变。一些以前处于从属位置的生产要素的重要性更加凸显，例如高层管理团队的智慧、风险判断能力、决策能力等。人力资本不再只依附于物质资本，对企业价值创造中的话语权的诉求愈加强烈，并要求获得更多的企业控制权和剩余索取权。尤其是在一些资金与人力资本同等重要的行业中，如何兼顾和平衡两者之间的利益及冲突是许多企业需要重新思考的问题。因此，企业经济管理从资本经济到人本经济具有历史必然性，也是推动传统公司制与合伙制融合的动因。上述演进过程如图 1-1 所示。

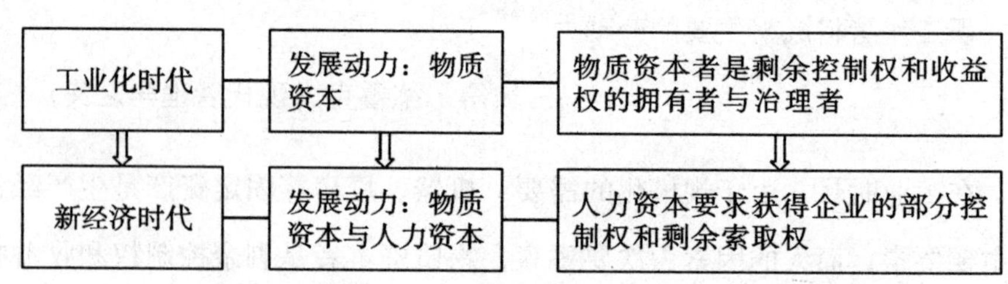

图 1-1　合伙制管理的历史演进

二、新经济时代下的组织重构

随着互联网时代的到来，传统的组织结构已不能适应企业的发展需求。企业出现了越来越多需要现场管理和临机决定的事宜，如果还是运行之前的组织结构，将大大降低公司的工作效率。在这种情况下，公司需要一种扁平化的组织结构，尽量缩短决策时间。于是，一种颠覆传统组织架构的管理新思维——合伙制应运而生。

——周建波（北京大学经济学教授）

（一）组织流程的网络化与平台化

在新的组织里，组织流程正在逐渐发生变化，即从传统的组织结构入手慢慢变成了从工作流程入手，进而去重构公司内部的结构。网络组织里的每一个点都可以与其他点实时相连，以确保任何的脉动都会及时地同步到整个组织中。组织与客户之间也是通过网状直连的，客户的信号都是由组织内相应的网络结构来实时接收的。

在新经济时代，人与组织之间的关系和力量对比发生了改变，不同于传统金字塔式的课层结构，未来的组织结构开始变得更加扁平化和网状化。在这样的组织结构中，每个个体都是在自由的、自治的状态下为组织创造出价值。一个基于科层制、以管理为核心的组织架构逐渐演变为一个以赋能为关键词的创新平台。这种创新的组织架构的关键在于提供平台，在这个平台上让一群创造者可以更顺畅地协同、更高效地共创。企业的边界已经越来越呈现交叉、叠加的特征。从不断打破边界到最后重新设定企业边界，已经是一种常态。多方共享、多方共有、你中有我、我中有你，已经成了这个时代的主旋律。资源、资本、地皮不再是竞争成功的根本要素。企业资源需要人才去经营，资本需要人才来高效运作，人才成为竞争获胜的关键要素。随着信息技术的高速发展，企业的存续期将越来越短，经济新常态倒逼企业转型升级，打造创业平台成为必然趋势。

（二）组织结构的生态化

物质资本和人力资本必须相互合作，从而结成共生和共享的治理关系，特别是要以人力资本为核心枢纽，去与多元相关方结成一个“共创-共担-共享”的合伙关系，如图 1-2 所示。企业不仅仅是“委托-代理”或者雇佣关系的组合，而是一种网络化的合伙关系，公司组织也进化成一种网络生态型的结构。

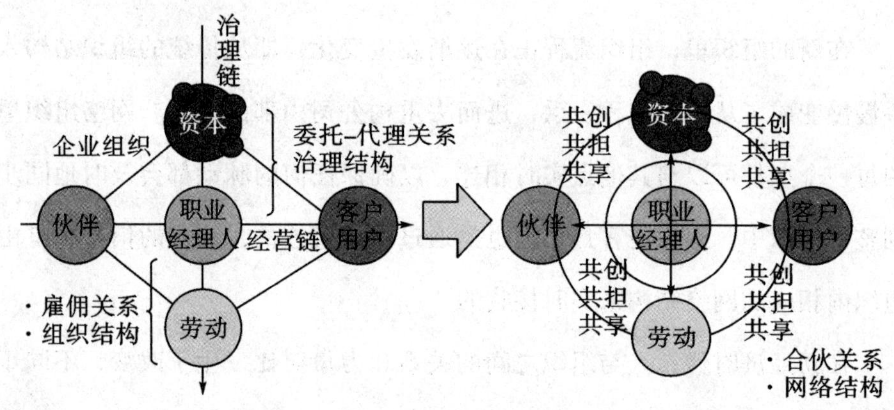

图 1-2　组织结构的生态化升级

资料来源：周禹. 新合伙主义管理论：共生共享时代的企业制度升级［J］. 中国人力资源开发，2016（24）：30-38.

三、新经济时代下的管理变革

> 如果一个活系统是极其稳定的，其内部运转井然有序，将很难有发展、进化的机会。只有尽可能地将活系统的边界最大化，适当容忍犯错、鼓励犯错，让活系统处在一个不均衡的状态中，才会迸发出新的火花。创新往往发生在不稳定的边缘地带。
>
> ——凯文·凯利

（一）最大限度地挖掘“人”的价值

凯文·凯利在其著作《失控：机器、社会与经济的新生物学》提出了一系列观点：“未来世界会不断从科层制中去中心化，去中心化的组织的生命力大于中央控制的组织；分享和移动化将是趋势，创新将来自前沿和边缘。传统组织结构将置企业于死地，未来的企业组织会更类似于一种混沌的生态系统。”在企业向平台型结构过渡的过程中，内部员工走向市场，在市场中磨炼能力、参与竞争。传统组织流程已经不适应新经济时代的转型需要，人力资源管理也将转变为市场规则竞争与客户选择。企业应鼓励内部市场化、允许内部竞争。合伙制的核心是最大限度地挖掘人的价值，极大地提升企业的灵活性。

（二）“参与和分享”逐渐取代雇佣制

在新经济时代，知识型员工在企业所占比例越来越高。相较于传统的产业工人，知识型员工有更强烈的自尊、自我实现动机。新经济时代尊崇平等、开放、共赢，知识型员工的参与和分享意愿比以往任何时候都要强烈。随着人力资本成为企业价值创造的主导要素，人力资本和物质资本不再是简单的雇佣关系，而是相互的雇佣关系。人力资本不仅要有对剩余价值的索取权，更要有企业经营决策话语权。在知识经济和互联网时代，知识型员工不仅有参与和分享的意愿、权利，还有参与企业价值创造过程和经营决策过程的能力。因此，职业经理人制度无法解决核心的劳资关系问题，传统的职业精神与激励机制也不能全面激发人才的潜能，唯有施行“参与和分享”。“参与”主要指参与管理，“分享”主要指分享资源、权利和利益。参与管理是以资源和权利的分享为基础的。参与企业的价值创造过程，并分享价值剩余，是知识型员工自我价值实现的途径。同时，互联网也为员工的参与和分享提供了技术条件。

（三）自我驱动机制的形成

在新经济时代，企业要真正回归到客户价值，就需要员工主动参与、自我驱动，并发挥群体力量。组织和人之间的关系已经不再是被动的驱动关系，而是以自我驱动为核心的组织机制。企业传统的驱动机制是“火车头”，依靠企业家个人或最高管理当局牵引。企业的新型动力机制不能仅仅依赖于“火车头”，还需要“动车组”，让每个员工、每个团队都是自驱动力，才有可能适应这个不确定且变化迅速的时代环境。当然，员工的自我驱动、自主经营和决策并不是要求员工参与整个企业组织的所有决策。例如：海尔集团通过划小经营单位，让每个人成为自主经营体，从而激发员工内在的潜能，激活企业的价值创造能力。

第二节　合伙制管理的内涵

“星巴克之所以能够开 23 000 多家门店，为全世界亿万人服务，是因为我们能共享成功，以正确的方式打造正确的公司。正确的方式就是平衡，就是利润和分享的平衡。”

——舒尔茨（星巴克创始人、CEO）

一、合伙制管理的含义

合伙制是一种古老又崭新的企业治理形态，早在古罗马时期，合伙制的雏形就已出现。我国法律意义上的合伙人是指合伙企业中的合伙人，它包括有限合伙人和普通合伙人，普通合伙人在合伙企业中承担无限连带责任，有限合伙人在合伙企业中以所投入的财产份额承担有限连带责任。目前，时兴的“合伙制管理”并不是法律意义上的合伙制，而是管理概念上的合伙制（见图1-3）。因此，本文研究的“合伙人”不仅仅包含传统意义上的股东合伙人，还包含受股权激励的高管、核心员工以及外部价值链合作方。合伙人制度的背后，是一套全新的管理模式。

合伙制管理是基于未来战略的重要性，以人力资本为纽带，以共识、共担、共创、共享为合伙理念，通过组织变革与长期捆绑机制（授予股权或分红权）重构组织与人、物质资本与人力资本的合作关系，实现企业的“平台化”和“生态系统”模式；通过合伙人选拔机制和退出机制，确保“谁创造谁分享”原则。

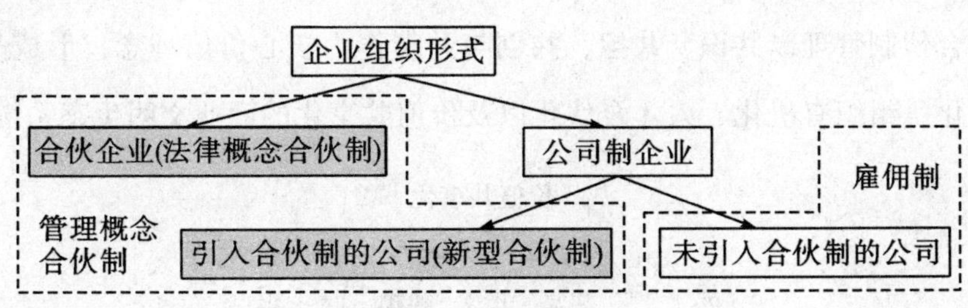

图1-3　企业组织形式与合伙制管理①

① 佚名. 做好合伙制的六种模式［EB/OL］.［2017-08-11］. http://www.sohu.com/a/163808339_335296.

二、合伙制管理的特征

永远不要靠自己一个人花100%的力量，而要靠100个人中每个人花1%的力量。

——比尔·盖茨（美国微软公司联合创始人）

周禹（2016）提出了“新合伙制管理”的框架体系，即在共创、共担、共享的合伙理念指引下，通过生态化的战略构建、有机化的组织变革、合伙化的人才建设以及共享化的价值机制进行配套设计，形成现代公司向事业合伙制升级转型的制度构架。这种新合伙制管理是由人力资本价值的提升、人力资本与物质资本开始共生共融，甚至人力资本产权主导地位不断强化推动。

总结已有研究观点，笔者认为，合伙制管理不仅仅是搞股权类、分享性激励，而且还涉及企业战略、文化、业务与商业模式、组织形态、工作方式以及产业联动等全方位的配套系统建构，甚至包括产业链设计系统。合伙制管理体系框架包括基本的价值理念和商业文明生态，如图1-4所示。合伙制管理以共识、共担、共创与共享作为核心价值理念，形成战略生态化、组织有机化、人才合伙化以及价值共享化的商业文明生态系统。

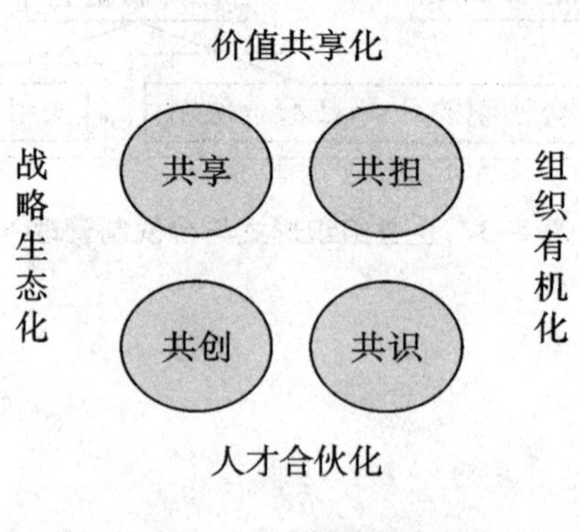

图1-4　合伙制管理的特征

链接 1-1　合伙制不等于股权激励[①]

许多人对合伙制存在这样的误解：以为实行合伙制就是对特定的人才进行股权激励。其实，对员工进行股权激励只是合伙制的必备条件，而不是充分条件。依靠单纯采取股权激励的方式，来解决企业所面临的一揽子人才管理问题，将必然会出现一系列的隐患与风险。因此，企业在设计合伙制时，应综合考虑与员工激励相关的所有核心要素，而不应只关注股权激励计划这个要素。同时，还应慎重思考：究竟采取怎样的员工股权激励模式，才会对本企业的长期发展有利。可供选择的员工股权激励模式有四种：全员持股模式、精英持股模式、控制权博弈模式、相互算计模式。

合伙制应能用高效的股权激励制度，让员工像老板一样工作；用合理的股权退出机制，提前规避合伙人纠纷；用专属的股权融资方案，为合伙人解决资金难题。

（一）合伙制管理的核心理念

合伙制管理的核心理念是共识、共担、共创、共享。首先是共识、共担。合伙人要有事业追求的承诺，有共同的价值追求。然后是共创、共享。光出钱不出力，那不是真正意义上的合伙人，真正的合伙人要“共创”。

1. 共识

合伙人是指高度认同组织价值观，承诺并力行组织目标与原则的群体。企业推行合伙制的前提是要有共识，合伙人要有共同的使命与文化价值观。道不同不相为谋，要合伙，只有共识与“道同”才能减少企业内部交易成本。合伙人要有企业家精神，在追求共同使命时，通过更强的文化纽带和长期承诺，实现“背靠背”的信任。合伙制管理既不能完全取代治

① 张诗信，王学敏. 合伙人制度顶层设计［M］. 北京：企业管理出版社，2018：23-24.

理机制，也不能取代经营管理体制。合伙人的选拔、任用、激励、评价，更加侧重的是合伙人的价值观，而非他的业绩。因此，合伙制最重要的是建立人才信用体系与组织信任机制。这也是组织最重要的核心资产。

合伙制管理模式是否具有生命力，关键看企业是否建立起一支传承使命、引领文化、创造价值的合伙人团队，合伙制管理模式的生命力来自持续奋斗的合伙人精神。《孙子兵法·谋攻》曰："上下同欲者胜。"上下同欲，体现了团队整体合力。共同的企业愿景，同为企业合伙人的身份，将驱动员工甘愿为企业付出"不亚于任何人的努力"。因此，对合伙人的一个甄选标准，就是合伙人高度认同公司文化，其品质、行为和公司的使命、愿景和价值观保持一致，愿意为公司竭尽全力，有持续奋斗的合伙人精神。

2. 共担

共担就是共担风险与治理责任。合伙人既要出钱、出力，还要出资源。人力资本与物质资本之间不再是一种简单的雇佣关系，而是由雇佣关系转向合伙关系，并形成多重契约关系。为此，企业内部要建立新的规则与平台体系，缩小核算单位，实现责任下沉、权力下放。这种机制的目的是激发合伙人的自我驱动力，使其乐于奉献。如果不能坚持"谁贡献谁分享"原则，把合伙人变成老板，就会使得进入合伙人体系的人出不去，其他有能力者进不来，合伙人变成坐享其成的老板，会给企业内部带来不公平感和只想分享不想创造的消极思想。

相比于职业经理人制度，合伙制管理可以在一定程度上淡化职业经理人就是为股东打工的观念，共担可在一定程度上化解危机时期的离心现象，有利于留住核心人才，激发奋斗精神。

链接 1-2　阿里巴巴、万科、华为的合伙人共担机制

阿里巴巴、万科、华为都希望建立一支共担责任、共享价值的团队。阿里巴巴要求候选人在任命前，须拥有一定的公司股份。从某人成为合伙人之日起三年内，其必须至少保留成为合伙人时所持股权（包括可行权股票和不可行权股票）的60%。三年之后，如果其仍是合伙人，其必须至少保留成为合伙人时所持股权（包括可行权股票和不可行权股票）的40%。万科强调事业合伙人要与股东捆绑在一起，共同持有万科股票，共担风险。在合伙制管理设计上，公司高管被要求出资额不得低于一定数额，以确保高管阶层和公司发展利益的绑定。在项目跟投制度中，万科要求项目所在一线公司管理层和该项目管理人员必须跟投，其他员工自愿参与。华为员工的收入结构包括工资、奖金和股票三部分，大体各占1/3。职级越高，股票部分的占比就越大。华为要求员工出资（年终奖金和贷款）购买股票，从而形成利益绑定。为了形成“共担”，在三个公司的事业合伙人评价机制里，态度、价值、责任心的评价置于最前。不管是叫价值观评价，还是叫责任心评价，或者是态度评价，三个公司的评价内核是相同的，是要看你这个人，是不是符合我们这个团体宗旨、目标、追求。

3. 共创

在今天这个互联网时代，信息更新的速度非常快，任何一个团队想走得更远、飞得更高，都必须通过联合合作和共同入股的方式，一起创业、经营企业。

随着创业环境的竞争越来越激烈，外包模式、加盟模式已经不能再发挥原来的积极作用了，基于共创价值特征的合伙制管理模式开始越来越受到重视。该模式强调团队能力，充分发挥每个人的能力，以形成一种互补性的智慧。这有利于克服“专业主义的迷信”。合伙制管理不仅仅是分配问题或激励问题，它实际上是一个企业真正形成价值创造、价值评价、价值分配的有机循环过程，是持续创造价值的一种奋斗精神。当合伙人不再奋斗时，可能要依据贡献大小实现动态调整或退出。

链接 1-3　华为公司的持续奋斗机制①

华为强调劳动雇佣资本，明确强调不以股东利益最大化为目标，坚持以客户利益为核心，驱动员工努力奋斗。华为坚持不上市，这是由于华为始终警惕资本从工具走向目的的异化。华为有着对资本天然的警觉性。华为所谓的老板只占公司约1%的股份，其余的大多数留给了奋斗者、贡献者。概括地说，华为泛分享化的激励机制也是在迭代发展的。最初的主流分享机制就是虚拟股权，这实际上是一种准权益化的利润分享机制。后来，当虚拟股权越来越多以后，内部也会产生权益性收入过高的“食利”阶层。为了激励骨干们持续奋斗，华为对分享制进行了修正，比如强调受限性和饱和配股制。华为还实行获取分享制，即减少股东每年分享的利润，把每年创造的大量利润收益，以奖金利润分享的方式，分享给当年创造价值的人，规定股东每年只能分享利润的25%，另外75%要通过奖金分享给当年创造价值的人。这就激励了更多的人，员工必须在当年创造高价值，不能只靠股权获取收益。实际上，华为这套机制就是在激励人持续不断的奋斗。员工只有持续为企业做出贡献才能获得企业的价值。虽然任正非个人的股份只占1.24%，但某种意义上他是100%“控股”，因为大家拿的都是虚拟股权。这实际上是老板让渡了个人利益，但对公司是100%控制。另外，华为通过获取分享制，承认现实和未来的贡献，不承认过去的

① 彭剑锋．马云、任正非、雷军等大佬如何玩转“合伙人”？[EB/OL]．[2017-06-13]．http://www.sohu.com/a/148617658_163648.

贡献。华为现在实行的获取分享制，不断激励着员工不断去奋斗。这种机制也可称为持续奋斗机制，你只有持续贡献、奋斗，你才能获得分享。

4. 共享

共享不仅仅是利益共享，更重要的是信息共享、资源共享与智慧共享等，并形成良性的生态环境共享体系。当然，公司治理的核心目标依然是股东价值最大化。合伙人的利益是劣后分配的，即充分保证物质资本利益的条件下，赋予合伙人决策参与权以及剩余价值分配权。当然，若没有利益共享作前提，合伙制很难形成。合伙制管理坚持“谁贡献、谁分享”的开放式原则，不让合伙人变成坐享其成的“跷脚老板”。

链接 1-4　沃尔玛公司的分享计划[①]

沃尔玛公司不把员工视为雇员，而是合伙人。沃尔玛通过利润分享计划和员工购股计划，建立了员工和企业的合伙关系，使员工感到公司是自己的，收入多少取决于自己的努力，因此会关心企业的发展，加倍努力地工作。沃尔玛的固定工资基本上处于行业较低的水平，但是其利润分享计划、员工购股计划、损耗奖励计划在整个工资制度中起着举足轻重的作用。各计划的具体内容如下所示：

①利润分享计划。凡是加入公司一年以上，每年工作时数不低于一定小时的所有员工，都有权分享公司的一部分利润。公司根据利润情况按员工工薪的一定百分比提留，一般为6%。提留后的部分用于购买公司股票，由于公司股票价值随着业绩的成长而提升，当员工离开公司或退休时就可以得到一笔数目可观的现金或公司股票。一位1972年加入沃尔玛的货车司机，在离开时（1992年）得到了70.7万元的利润分享金。

---

① 佚名. 世界性连锁企业沃尔玛集团——它的合伙人制度［EB/OL］.［2017-12-11］. http://3g.163.com/dy/article/D5C60AU40519R2KR.html.

②员工购股计划。本着自愿的原则，员工可以购买公司的股票，并享有比市价低15%的折扣，可以交现金，也可以用工资抵扣。目前，沃尔玛80%的员工都享有公司的股票，真正成了公司的股东，其中有些成为百万甚至千万富翁。

③损耗奖励计划。店铺因减少损耗而获得的盈利，公司与员工一同分享。

④其他福利计划。沃尔玛建立了员工疾病信托基金，设立了员工子女奖学金。从1988年开始，沃尔玛每年资助100名沃尔玛员工的孩子上大学，每人每年6 000美元，连续资助4年。

（二）合伙制的商业文明特征①

1. 战略文明

合伙制管理应秉承战略生态理念，建立生态优势。在新经济时代，企业的内在战略驱动力不能停留在低劳动成本优势，必须走向创新与人力资本驱动。企业要逐步从单一的竞争战略观走向生态战略观，打造核心能力优势。在合伙制管理模式下，企业组织边界、组织生存环境、组织和人之间的关系、组织形态都发生了变化，企业拥有更广泛的网络连接及产业生态、更强的文化纽带以及更长期的事业承诺等等。

2. 业务与决策文明

合伙制管理强调以客户为中心、开放合作与价值共享。公司的业务体系必须真正做到以客户为中心，建立与客户之间的合作与联盟契约关系。在公司决策机制上，物质资本和人力资本是对等的治理关系。传统的委托代理契约要转型为合伙契约，人力资本参与企业经营决策，并拥有一定的

---

① 周禹. 新合伙主义管理论：共生共享时代的企业制度升级［J］. 中国人力资源开发，2016（24）：30-38.

话语权。

3. 组织文明

在合伙制管理下，组织变得越来越生态化，企业内部拥有更大的自主驱动力、更大的权责下沉、更多的群众参与。企业成为真正面向客户的敏捷化、扁平化、网络化、平台化组织，形成“自下而上”的协同机制，尊重和承认个体价值创造的力量和活力。企业内部规范从过去的刚性管理走向柔性协同；从有序规划转型到混序创新，充分发挥每个合伙人的内在的潜能和创造力。

4. 雇佣文明

雇佣文明，即尊重个体力量，从雇佣关系走向合作关系，并通过人才个体的连接和交互产生叠加的能量。诞生于工业文明时期的科学管理理论，按照分工体系来假设组织和人之间的关系，把人力资源等同于土地、设备等要素，依附于企业组织而存在。在合伙制管理机制下，企业要去中心化、去权威化，从雇佣关系走向合作关系，从管理控制走向授权赋权，从过去简单的工作契约走向承诺契约，从过去的薪酬分配走向权益分享，从过去的绩效优先走向工作生活的相对平衡。

（三）合伙制管理的动态性

动态性是指合伙制管理一定要有聚散机制与分层性。合伙人团队具备新陈代谢能力，合伙人团队能够吐故纳新，让团队经营管理始终符合市场发展要求，目的是保障以市场为导向的经营能力。同时，合伙人的利益机制及其剩余价值的索取权和话语权，不是终身的，也不是全程的。分层性是指合伙人可能分布在企业的各个层级，如集团层面、事业层面、项目层面与事件层面。因此，合伙制的分层性与动态性才能真正体现人力资本价值，实现人力资本价值最大化。

链接 1-5　海尔的自组织式动态合伙制[①]

海尔提出“按单聚散人”和“创业人员无边界”的动态合伙制。张瑞敏在一次讲话中说到，“按单聚散人，主要是要求自驱力。创造用户价值的目标能不能完成？你若能，就可以来干；不能，那就让别人来干”。传统企业是按人订单。若这个人很聪明，企业就不能让他离开；若这个人能力有限，那就按这个能力给他制定一个目标。现在，企业是按单聚散人。这是因为现在每个人都是创客，都要跟投创业。如果有外部的风投来投资，就要跟着投资，这样大家的利益就绑在一起了。

（四）合伙制管理的自组织性

自组织的三个最核心的要素是共治、共创与共享。共治，是指每个个体都有与经营方等同的决策机会和权力。共创，是指人人都是价值创造者，人人都可能变成价值创造的中心。共享，指出自组织更强调利益分享，更强调构建利益共同体。自组织打破了固有权威体系，使决策机制变为自下而上。过去企业的权威是自上而下的权威，现在是一种自下往上的权威。自组织的权威来自分布式、多层次的权威。企业内部由过去单一的、自上而下的行政命令权威转变为多元的、纵横交错的权威体系，这就是共同治理。

链接 1-6　海尔的自组织管理[②]

为了实现小微生态圈与企业的共治、共创、共享，海尔将一直攥在总部手里的三权——决策权、分配权、用人权，彻底让渡给小微企业，使它能成为一个独立的企业。这也使海尔的治理结构从串联变成并联，把原来

① 彭剑锋.“动态合伙人制”：集权管理模式的终结者？［EB/OL］.［2016-02-01］. http://www.sohu.com/a/57443184_343325.

② 彭剑锋.“动态合伙人制”：集权管理模式的终结者？［EB/OL］.［2016-02-01］. http://www.sohu.com/a/57443184_343325.

的有层级有边界的正三角组织变成一个生态圈。公司让渡权利，不是完全授权，而是从过去的股东价值优先，走向了员工价值优先。人人成为价值创造的中心，人人能参与企业的决策。只有每个员工都是一个决策者、参与治理，企业才能实现共治，达到共赢，最后实现共享。

要实现共治，首先是要让渡三种权利：①决策权，让小微企业根据瞬息万变的市场做出及时的决策；②用人权，让“圈主”决定圈内人员的去留；③分配权，让小微生态圈有机会与企业一同分享超过正常价值的增值部分，实现与企业的共享。三权让渡，实现了“从企业家的企业到企业的企业家”的转变。过去靠老板的智慧，现在靠群体的智慧。这也是整个企业领导力问题的一大转变。

三、合伙人的成长模式

（一）内部生态模式

在内部生态模式下，合伙人经营者来自内部员工，公司面向员工搭建企业开放式创新平台。该平台旨在改变原有的岗位付薪制，开放部分企业资源，让前线“听得见炮声”的员工有权自发地组成小团队去实践创新项目与创造价值。这也使得大体量的传统企业在做产品设计与市场决策时可以拥有小企业一般的洞察力与敏捷性，比如韩都衣舍、永辉、海尔集团公司等。

链接 1-7　内部生态模式案例①

韩都衣舍是一家服装电商企业，依托全程数据化和精细化的运营管理

① 夏惊鸣．合伙机制不仅仅是一种激励机制，更是一种商业模式创新［EB/OL］．［2017-11-09］．http://www.sohu.com/a/203225843_343325；夏惊鸣．与业务模式紧密结合的合伙人机制是什么样的？［EB/OL］．［2018-06-08］．http://www.sohu.com/a/234534634_460374；平台型生态体系解析［EB/OL］．［2016-02-24］．http://www.woshipm.com/operate/287547.html.

体系，形成了一个个产品小组。每一个产品小组都是一个独立经营体，负责单品的设计、制造和销售，配以企划、拍图、客服、物流、售后等相关业务环节的协同，进行产品小组的独立经营、独立核算，并根据经营业绩进行分享。

2017年10月，永辉进行了第三次组织变革，将原来生鲜与加工、食品与用品、服装三大事业部改为多商行运营模式，将原事业部按照品类细分为各类小组的独立经营体——“商行”，构建了“大平台+小前端+富生态+共治理”的生态型组织，专注各个品类，将采购与经营合一，将经营权逐渐下沉，以贴近市场、激活经营单元。

海尔把公司部分内部资本、资源与业务链支撑作为有吸引力的平台入口，把其线上的全员创客平台与组织上的小微管理模式作为有力的协作支撑，将公司打造成一个投资管理平台。海尔将企业决策层的定位从管理者转变为项目投资人与资源支持者。其一线员工直接面对市场终端需求，提报具有市场前景的内部创业项目，倒逼企业提供支持资源。

（二）外部生态模式

在外部生态模式下，合伙人经营者来自外部，公司面向外部合作方搭建一个开放式的协同平台，并将其融入公司平台中。例如，公司以自身的品牌、渠道或互补产品等作为平台的引力入口，借助成熟的Web2.0技术搭建线上开放式协作平台，以期最大限度地提升外部合作效率、发挥规模效应，与合作伙伴间形成多边的产品增值。代表性企业有温氏集团、OPPO和vivo、7-ELEVEN、农村淘宝、中环互联与美国苹果公司等。

链接 1-8　外部生态模式案例①

温氏集团为56 000个合伙人提供了一套基于互联网的管理平台，帮助各合伙人共享一个事业平台，将公司外的合伙人紧密地融入自己的价值链里，并实现了轻资产化。公司负责育种、孵化、饲料、养殖技术服务及销售等环节；各合伙人拥有家庭农场产权，并负责投资、养殖等。这种经营模式实现了共识共担、齐创共享，既获得了大企业的规模与协同效应，又获得了小企业的活力与效率。

OPPO和vivo建立了合伙机制，把25万个门店统一到一个信息平台，连接到一起，也实现了轻资产、规模化运营、平台化管理。25万个门店都是合伙人自己投资，大家共享一个品牌、一个平台、一套管理体系。

7-ELEVEN虽然没有自己的实体店，也没有自己的工厂和物流中心，不赚中间差价，也不购买任何一家公司的股份，却在其品牌下创建了一个赋能型的共享经济体，把日本国内的19 000多个小微型夫妻零售店、175个工厂、140多个物流配送中心构建成了一个开放型的生态体系，通过这个“产业路由器”实现了多方连接。

农村淘宝采用了“平台+合伙人经营体”的业务模式，在村里设立线下商品店。这些小商店采取合伙制管理，合伙人负责选址、物业承租、样品采购、销售等，并解决村民的线上选货、比价、下单、付款等问题。

中环互联是一家发迹于南昌的房地产中介公司，其经营模式不同于传统中介公司的直营店模式，而是采用了“加盟体制、直营管理”模式，即所有的门店均为加盟制，每一个店长都是公司的合伙人，每个城市的公司都是独立公司，城市经营团队占有城市公司股权。在管理上，形成了以交

---

① 夏惊鸣. 与业务模式紧密结合的合伙人机制是什么样的? [EB/OL]. [2018-06-08]. http://www.sohu.com/a/234534634_460374; 平台型生态体系解析 [EB/OL]. [2016-02-24]. http://www.woshipm.com/operate/287547.html.

易管理、营销管理和行政人力资源管理为平台的“门店—城市公司”分级合伙的“平台+分布式合伙人经营体”的生态模式。各个门店负责房源的获取以及交易的达成。门店在达成交易后，通过每个城市公司设置的交易管理平台统一进行合同签订、贷款、税收和过户等工作。城市公司还设有营销赋能平台和行政人力资源平台等。

苹果公司的 App store 的核心服务对象是手机 App 的软件开发商。饱受追捧的苹果移动智能终端 App store 作为手机 App 的互补产品，为该平台的流量带来极强的吸引力。24 小时的产品提交支持、快捷及时的产品审核机制与富有吸引力的软件收益分成共同构成了该平台流量高速增长的有力支撑。未来，企业在生产领域也可趁工业 4.0 之东风，与合作伙伴以平台化的模式实现高效的资源配置与生产协同。同时，企业还可以借助平台实现与合作伙伴间的交叉兑价，将产品利润部分转移至合作方收费，以实现其核心产品在市场上的相对竞争优势。

（三）开放生态模式

在开放生态模式下，合伙人经营者可以与其他公司平台合作，形成企业内部价值链的生态体系。例如，资本型平台投资人与员工创新平台合作的“创客”间，可以实现内外部便捷的、自发的、广泛的联系与协作，逐渐形成一个以投资创业为核心，依托于虚拟市场的开放式产业生态，比如小米、英特尔、腾讯与森马等。

链接 1-9 开放生态模式案例①

小米运用互联网思维，通过让粉丝参与设计的方式形成社区，并通过手机形成品牌影响力和电商入口平台。这是小米生态链公司的基础。小米

① 解码森马集团转型之路 员工成合伙人激发创新活力［EB/OL］.［2018-04-21］. http://news.66wz.com/system/2018/04/21/105077957.shtml；夏惊鸣. 与业务模式紧密结合的合伙人机制是什么样的？［EB/OL］.［2018-06-08］. http://www.sohu.com/a/234534634_460374.

通过生态链公司对外投资，整合了外部企业家资源和创新资源，基于客户痛点进行产品创新，并通过小米电商销售，最终形成了“技术+产品+投资+零售”的复合生态体。另外，小米也上线了与 App store 类似的小米商城，以更高效地吸引、整合多方合作企业的互补资源。该商城为合作方提供了开放式的软件营销渠道，合作方生产的与小米手机配套互补的硬件设施，如音响手环等也可作为“小米生态产品”在其商城上贩售。如此，小米通过其手机硬件、线上用户社群实现了潜在用户向手机商城（C 端）的引流与集聚；然后通过手机商城（B 端）对自身与合作伙伴产品的统一推广销售，形成了一个完善的价值链闭环。这也是一个把企业一步步带向卓越的正反馈循环。

英特尔在开发 CPU 芯片时，为了提升芯片销量和真正提高产品性能，整合 IBM、微软、惠普等公司开发总线，并形成共享的软件开发平台，如发布了 HTML5 的开发环境，其中包括英特尔 XDK、应用开发中心和 HTML5 应用移植工具。英特尔提供了从前端到后端、集成的跨平台开发环境，让开发者可以在 HTML5 专区免费获得英特尔 HTML5 开发环境，开发完成后可将应用软件部署到多种平台上，形成了开放型的生态体系。

腾讯的两大产品接入平台是微信和 QQ，以其产品的高覆盖率。腾讯通过微信、QQ 即时通信、腾讯网、腾讯视频、QQ 音乐、QQ 空间、QQ 邮箱等多款产品，到达客户端。同时，微信又通过小程序开发将线下服务连接到线上，让用户可以通过微信快速找到相应的线下服务。腾讯通过产品用户数据、支付数据、合作电商数据、平台数据等，为产业链上下游（包括开发者、用户、合作伙伴、政府单位、社会力量等）提供数据延伸服务，提高产业协同效率，更好地服务于整个产业生态体系。

森马集团的“创业合伙人制”助推其平台化转型。2016 年，森马提出了构建森马大平台的实施路径，就是把森马打造成全员创业的平台、资本运营的平台、产业孵化的平台、多品牌繁荣的平台和开放共赢的平台。“创业合伙人制”让森马内部有激情、有梦想的员工在森马的平台上直接创业，做自己事业的CEO。为此，森马创建了合伙制品牌“马卡乐”。马卡乐创业项目的商业计划首次吸引91人参投，总投资金额1 550万元。创业者只有在公司内部的创业大赛上争取到足够多的投资者的信任和支持，其创业项目才可以得到通过。通过这样的管理方式，森马实现了对项目的优劣甄别，从源头上降低了内部创业的风险。截至2017年年底，马卡乐店铺总数达到306家，顺利实现盈利，该品牌在2017年实现终端销售2.52亿元。马卡乐项目的成功验证了森马“创业合伙人制”强大的生命力和活力。“创业合伙人机制”有项目大开放、股权大开放、合伙主体大开放的特点，不仅是针对森马内部员工、上下游合作伙伴，同时还向社会开放。森马欢迎有激情、有专业、有能力、有资源、有技术、有项目的精英，以合伙人的形式来加盟森马事业平台。目前，森马已创办11个创业合伙人项目，使600多位员工成为股东，并面向全体员工成立了10亿元平台创业发展基金。未来，森马将继续巩固这一战略，实施多品牌发展战略、努力发展供应链金融、推出定向发展产业基金。

四、如何建立合伙人保障机制

合伙制管理面临的一个重大风险是合伙人团队的权力滥用。这会损害股东及利益相关者权益。如果缺乏可靠的保障机制，可能会殃及整个公司的稳定与发展。为此，公司必须明晰合伙人的责、权、利边界，建立合伙人的进入与退出机制、考核激励机制以及晋升发展机制。

（一）合伙人进入与退出机制

合伙制管理的首要机制就是合伙人进入机制，即企业必须建立清晰、明确、规范的合伙人进入机制。没有清晰的进入流程和标准，很难选出优秀的合伙人。公司须构建合伙人委员会并建立考核标准。合伙人委员会参与合伙人的选拔、提名与考察。

合伙制崇尚奋斗精神，公司要想建立起以奋斗者为本的文化，就必须要有合伙人的退出机制，即合伙人身份不是一劳永逸的，否则就会形成公司的食利阶层。在合伙人的退出方面，公司在制度上必须严格把关。企业依据贡献实现动态合伙。当合伙人不能为企业做出贡献，或者贡献越来越小的时候，合伙机制要对其进行动态调整。已退出的合伙人想再成为合伙人，还必须按照进入机制重新参与选拔。

（二）合伙人考核与激励机制

公司对合伙人必须有严格的考核制度。合伙人对公司的文化、业绩负责的。如果没有相应的考核机制，合伙人很容易成为公司的食利阶层。合伙人考核是一个动态的考核，包括奋斗者提名、预备期、考察期等各个阶段的考核机制。如果没有达到考核的标准，就不可能成为真正的合伙人。

对合伙人团队，必须有清晰的奖罚制度。合伙人代表公司的先进文化、先进生产力、正能量，对合伙人必须有明确的奖罚。如果没有严明的组织纪律，公司很难构建起奋斗者为本的文化。强调合伙人的奖罚机制，可消灭那些食利阶层。基于对人力资本价值贡献的认可，合伙人可以在企业内享有各种权利，但是当合伙人不再为组织贡献的时候，就不应该再享有相应的权利。

（三）合伙人晋升发展机制

合伙人必须从奋斗者中产生，奋斗者必须从优秀的员工中产生。企业通过这样立体生态的发展方式，在内部形成员工的自我驱动力。管理就是要建立阶梯，这个阶梯是动力的阶梯、员工发展欲望的阶梯，让每一个层级的员工都有自我动力。

链接 1-10 爱尔眼科的合伙制度设计①

爱尔眼科的合伙人计划是指符合一定资格的核心技术人才与核心管理人才（下称核心人才），作为合伙人股东与爱尔眼科医院集团股份有限公司（下称爱尔眼科）共同投资设立新医院（含新设、并购及扩建）的计划。在新医院达到一定盈利水平后，爱尔眼科依照相关证券法律、法规，通过发行股份、支付现金或两者结合等方式，以公允价格收购合伙人持有的医院股权。

1. 合伙人的资格认定

（1）对新医院发展具有较大支持作用的上级医院核心人才；

（2）新医院（含地州市级医院、县级医院、门诊部、视光中心）的核心人才；

（3）公司认为有必要纳入计划及未来拟引进的重要人才；

（4）公司总部、大区、省区的核心人才。

2. 方案实施

为确保计划管理到位、推进有序、激励有效，爱尔眼科总部设立合伙人计划领导小组，由董事长担任组长，总经理担任副组长，相关高级管理人员与职能部门负责人作为小组成员。其主要职能是：制订计划的实施细则及实施进度，审批、督导各省区的计划方案。

各省区成立计划实施小组，负责拟订并实施本省计划方案，对合伙人履职情况进行动态考核。合伙企业对某新医院的出资规模确定后，按照“风险共担、利益共享、公平合理、重点突出”的指导思想，对各合伙人的出资额度进行分配。合伙人在各自额度内认缴出资。在设立地级医院时，省区医院及总部的合伙人按照各地级市新医院的投资进度分期出资，

① 佚名. 爱尔眼科医院集团股份有限公司的“合伙人计划”［EB/OL］.［2014-04-08］. http://www.cfi.net.cn/p20140408001430.html.

地级市医院的合伙人在各自所在医院设立时一次性出资到位。

在设立县级医院（含门诊部、视光诊所）时，地级市医院的合伙人按照各县级新医院的投资进度分期出资到位，县级市医院合伙人在所在医院注册成立时一次性出资到位。

合伙企业经营期限一般为3~5年。若因项目实际需要，可延长或缩短经营期限。为了体现爱尔眼科对合伙企业的支持，对合伙企业不收取管理费。合伙企业在取得收益并扣除各项运营成本、费用后，按照各合伙人的出资比例分配利润。

在合伙企业存续期间，若发生合伙人离职、被辞退或开除等情形，其所持合伙企业权益必须全部转让。合伙人在公司任职期间，有权转让其部分或全部合伙权益。合伙人在出现退休、丧失工作能力或死亡等情形时，其合伙权益可以转让，也可以由亲属承继。在上述情况下，全体合伙人一致同意：合伙权益的受让人仅限于普通合伙人及其同意的受让人（现任或拟任合伙人）。

人才是医疗服务行业持续发展最关键的推动力。爱尔眼科的合伙人计划以股权为纽带、以长期激励为导向，不仅有效提高了现有核心人才的积极性，而且有助于引进大批发展所需的人才，从而占据更多行业核心资源，为爱尔眼科加快发展提供有力的人才保障，使其在市场竞争中实现战略制胜。

爱尔眼科的合伙人计划的实质是“公司搭台、骨干唱戏，资源共享、高效激励”。爱尔眼科作为一家生态化的社会企业，既要动态优化管理流程，使日益扩大的全国网络成为医生多点执业的创业平台，更要形成正向积极的企业文化和动力机制，鼓励员工与公司长期共同发展。爱尔眼科借鉴国际先进经验、结合中国国情和政策趋势，在中国医疗行业首创实施“合伙人计划”，从根本上激发核心骨干的创造力和能动性，使大量新医院尽早盈利、长足发展，推动公司规模与效益同步提高。

第三节　合伙制管理的常见运行模式

各大公司的合伙制管理的治理模式与激励模式较为成熟。根据治理模式的运行特征，可大致归纳为控制型合伙人、事业合伙人、创业合伙人、业务合伙人、复合型合伙人等几种合伙人。根据激励模式的运行特征，可大致归纳为虚拟股模式、增量分红模式、风险投资模式、内部交易模式、项目跟投合伙模式、实股注册模式等几种模式。具体情况如表 1-1 所示。

表 1-1　合伙制管理的常见运行模式

常见运行模式	类别	代表性公司
治理模式	控制型合伙人治理模式：掌握控制权，使企业文化得以传承	阿里巴巴、绿地
	事业合伙人治理模式：解决业务交易与治理交易关系之间的问题	万科、王府井、苏宁云商
	创业合伙人治理模式：公司内部的人才以企业为平台进行创业	海尔、韩都衣舍
	复合型合伙人治理模式：通过横向、纵向的合伙制管理构成了可以彼此赋能的生态产业组织	复星集团
激励模式	虚拟股激励模式	华为
	增量分红激励模式	永辉超市
	风险投资激励模式	海尔
	内部交易激励模式	拉夏贝尔
	项目跟投合伙激励模式	碧桂园、万科
	创业激励模式	芬尼克兹

一、合伙制管理的治理模式

（一）控制型合伙人治理模式

合伙人在资本与情怀的博弈中扮演的角色至关重要。通过长期合伙合约对短期雇佣合约的替代，公司的经营权与控制权更加集中地被合伙人团队掌握。例如，阿里巴巴 2014 年在美国上市采用的合伙人制度成为“不平等投票权”控制权安排模式的新典范。持股比例远远低于软银和雅虎的马云通过合伙人制度实现了对阿里巴巴的实际控制。

链接 1-11　阿里巴巴为什么推出合伙制①

阿里巴巴集团多次与香港监管机构探讨，如何把他们的管理创新和资本市场的有效治理对接。阿里巴提出了合伙人的公司治理机制，这个机制能够使阿里巴巴的合伙人——即公司业务的核心管理者，拥有较大的战略决策权，减少资本市场短期波动影响，从而确保客户、公司以及所有股东的长期利益。

阿里巴巴集团坚持这种合伙人的治理结构的理由是：

（1）首要目标是保证公司的文化传承。“让天下没有难做的生意”，努力帮助创业者和小企业去成功。明确的使命、对长期目标的追求，以及对价值观的坚持，才真正定义了“阿里巴巴文化”。

（2）不少优秀的公司在创始人离开后，迅速衰落，但同样也有不少成功的创始人犯下致命的错误。公司拟用合伙人取代创始人，因为一群志同道合的合伙人，比一两个创始人更有可能把优秀的文化持久地传承、发扬。

---

① 王可心. 阿里巴巴蔡崇信发文：香港应探讨创新监管环境［EB/OL］.［2013-09-26］. http://tech.qq.com/a/20130926/017818.htm.

(3) 合伙人是平等的，他们会摈弃官僚作风和等级制度，而通过合作解决问题。合伙人不仅仅是管理者，同时也是企业的拥有者，有着极强的责任感。合伙制通过每年接纳新的合伙人，注入新鲜血液，不断焕发活力。通过这个机制，阿里巴巴可以保持持续的创新、不断地提升其人才力量。

（二）平台型合伙人治理模式

我们不要职业经理人，只要事业合伙人。

——孟祥胜（苏宁云商集团副总裁）

平台型合伙人治理模式的特点是打破企业内部纵向决策、横向分工的组织体系，由公司建立支持平台，在平台上以合伙人牵头组建业务团队。各业务团队独立决策、自负盈亏，合伙人对项目有充分决策权，享有相当的项目收益，因此工作积极性高，归属感强；公司的角色由领导者变成支持者和辅助者，为各业务团队提供技术、人事、生产资料等支持，让人才以公司为平台内部创业。平台型合伙人治理模式又可分为以下几种类型：

1. 事业合伙人治理模式

事业合伙人的治理模式实际上是以人力资本为纽带的合伙人治理模式，致力于让人力资本拥有更多的剩余价值索取权与经营决策话语权，淡化“职业经理人”为股东打工的理念，重构了组织与人、物质资本与人力资本的合作伙伴关系。事业合伙人治理模式不仅仅是一种治理与激励手段，还涉及了企业战略创新、公司治理结构优化、组织与人的关系重构等问题。

事业合伙一般可以分为三类：①项目跟投型。公司拿出一项业务、产品、项目、区域（单店）等可独立核算的经营体与参与该经营体运营的员工共同投资、共同经营、共担风险与共享利润，如万科的项目跟投、连锁企业的单店员工入股。②持股计划型。一般员工或管理人员可以购买公司股票（普通股、虚拟股、期权等）。例如华为的内部员工持股计划，公司全体合伙人出资认购公司整体的虚拟股份，其虚拟股份对应整体经营盈利情况，并根据公司整体盈利状况进行分红、承担风险。③生态链合伙型。它不仅涉及公司与内部人员、产业链上下游的业务交易关系，还涉及与外部第三方跟投、持股者的治理关系。

链接 1-12　万科集团案例①

万科集团是目前中国最大的专业住宅开发企业，也是地产蓝筹股的代表。2017 年，万科集团营业收入为 2 429 亿元，实现净利润为 280 亿元。万科的物业服务已覆盖中国主要大中城市。万科讲究资金密集、科层结构、专业主义以及精细管理。

（一）万科事业合伙制管理的产生背景

随着公司规模的快速扩大，职业经理人制度的弊端不断出现：KPI 导向使得职业经理人习惯“赚快钱”、过度的专业主义而忽略问题本身、职业经理的“天花板”问题、战略转型相关的业务部门在原有制度下奖金最少，甚至出现了面对面坐着却要通过工作邮件的形式进行沟通等。2010—2012 年，万科高管大量出走。三年间，大约有一半执行副总裁以及很多的中层管理人员离开，甚至还引发了关于万科“中年危机”的大讨论。在这个背景下，万科拟通过合伙制度，来重新界定公司与员工的关系，防止优秀人才的过度流失。为此，万科首创了“事业合伙人”一词，它也是中国标杆企业中建设合伙制的代表性企业之一。我们常说，当中国的大多数企业还在从官僚化企业或家族化企业向职业化企业升级的过程中，万科已经开始从其成熟的职业经理人体制向事业合伙人体制进行制度创新实践的再升级，并成为引领大型公司向合伙制优势转型的标杆。万科事业合伙制度

---

① 中国房地产业协会. 万科合伙人制度 5 个要点［EB/OL］.［2014-10-29］. http://www.fangchan.com/news/128/2014-10-29/376290.html；“人才打劫”的年代，向万科、阿里巴巴学习合伙人制［EB/OL］.［2017-12-01］. http://www.sohu.com/a/207904827_618578.

的实践，不是对职业经理人制度的某种颠覆，而恰恰是建立在其具备高度职业自律能力、优秀事业自驱能力、卓越经营自理能力的基础上，并在其具备有着健康阳光文化和规则制度理性的优秀职业经理人体制的制度前提下，进行的一次制度再升级。用万科董事会主席郁亮的话说："事业合伙人有四个特点：我们要掌握自己的命运，我们要形成背靠背的信任，我们要做大我们的事业，我们来分享我们的成就。"万科的合伙制改革是将雇佣制下的职业经理人机制进行革新，去除雇佣制的弊端，在雇佣制共创共享的基础上增加风险共担，"共创、共享、共担"成为万科合伙制的核心。

（二）万科事业合伙制管理方案介绍

1. 万科事业合伙制度规划

万科的合伙制度采用了传统的股东治理路线，即通过增持公司股份加强经营层控制力。万科设计了两个制度：一是核心骨干员工的持股计划；二是项目团队的跟投制度，未来还将打造生态链合伙人。万科事业合伙制度的总体规划如表1-2所示。

表1-2　　万科事业合伙制度的总体规划

类别	适用人员	主要内容
项目跟投	一线公司管理层及项目管理人员	除旧改及部分特殊项目外的所有新项目，所在一线公司管理层和该项目管理人员必须跟随公司一起投资，公司董事、监事、高级管理人员以外的其他员工可自愿参与投资。员工初始跟投份额不超过项目资金峰值的5%
持股计划	一定级别管理人员	公司董事、监事及高管，总部及地方公司一定级别以上的管理者参与持股计划；高管购买有下限、雇员购买有上限；深圳盈安财务顾问企业通过证券公司的集合资产管理计划，在A股市场共计购入0.33%的总股本
生态链合伙制	产业链上下游	施工单位等产业链上下游企业对参与的项目进行一定比例的跟投

核心骨干员工的持股计划：建立一个合伙人持股计划，把 EP（经济利润）奖金获得者转化成为万科集团的合伙人，共同持有万科的股票。在该计划下，核心骨干员工不仅要创造真实的价值，还要跟股东的利益能够绑在一块。职业经理人和事业合伙人合二为一，既为股东打工也为自己打工，解决了股东与员工的激励问题。

项目团队的项目跟投制度：要求项目操作团队必须跟投自己的项目，员工可以自愿跟投自己的项目，也可以跟投所有的项目。在该制度下，项目所属分公司的管理层必须跟投，直接关联的员工必须跟投，以保证其在项目运营中“尽心尽力”，而其他不直接相关的任一员工都可以自由选择是否跟投。

未来，万科还将探索产业链的利益相关者如何成为事业合伙人，将产业链上下游也变成合作伙伴，建立新型房地产生态系统。如果施工单位也成为事业合伙人，偷工减料问题或许能从根源上得到杜绝。房地产本身是个资金密集型行业，如果买地时资金方面引入合伙制度，能大大减轻成本压力。

2. 万科事业合伙制度的目的

万科的事业合伙制度，解决过去职业经理人时代可以共创、共享但不能共担的问题。一旦遭遇巨大的行业风险，职业经理人难以成为公司的依靠。参考外国的成功案例，无不是通过推动职业经理人向利益相关者转变。同时，万科通过捆绑股权和捆绑项目的双举措，让职业经理人的发展脚步真正吻合万科的节奏。万科实践的事业合伙制度，主要是通过股票跟投和项目跟投的方式，实现利益的捆绑。目前，万科正在进一步将该制度扩大化，试图将产业链上下游也变成事业合作伙伴；并希望在新机制驱动下，打破原来的职业经理人的科层化、责权化和专业化的模式，去中心化，从金字塔式的组织机构转变为扁平化结构，实现共创、共享、共担的分享机制与建立新型房地产生态系统，搭建平台式架构的发展机制，真正将打工者变成自己人。

3. 基于事业合伙制管理的员工持股计划的实施

员工持股计划的股票来源包括非公开发行、二级市场购买、无偿赠予（大股东免息借款）、定向受让及购买对应集合资产管理计划次级份额（集合资产管理计划主要是为管理对应上市公司股票，其获得方式为二级市场购买）等。万科公司员工持股计划的股票主要来源于二级市场购买。

2014 年 5 月，万科启动事业合伙人持股计划，包括在公司任职的全部 8 名董事、监事、高级管理人员在内的 1 320 位员工自愿成为公司首批事业合伙人。事业合伙人签署“授权委托与承诺书”，将其在公司经济利润奖金集体奖金账户中的全部权益，委托给深圳盈安财务顾问企业（简称“盈安合伙”）的普通合伙人进行投资管理，包括引入融资杠杆进行投资；同时承诺在集体奖金所担负的返还公司的或有义务解除前，该部分集体奖金及衍生财产统一封闭管理，不兑付到具体个人。自 2014 年 5 月 28 日以来，盈安合伙通过券商集合计划多次增持万科 A 股股票，截至 2014 年 9 月 23 日，集合计划共持有万科 A 股股份 3. 59 亿股，平均购股价格为 8. 72 元，投资金额 31. 31 亿元。其详细情况见表 1-3。事业合伙人持股计划的推出，进一步强化了管理团队与股东之间共同进退的关系，确保了事业合伙人与股东利益的一致性。2015 年，事业合伙人持股计划迎来了第二批员工的加入。按照万科集团的计划，事业合伙人未来总共将持有万科 10% 的股票。

表 1-3　　　　事业合伙人持股计划的购股情况

购股时间	集合计划购股(亿股)	平均每股价格(元)	金额总(亿元)
2014. 5. 28	0. 358 39	8. 38	3
2014. 5. 29	0. 231 88	8. 52	1. 98
2014. 5. 30	0. 264 76	8. 55	2. 26
2014. 6. 3	0. 618 42	8. 42	5. 21
2014. 6. 4—6. 12	0. 400 52	8. 3	3. 33
2014. 6. 13—6. 19	0. 239 69	8. 4	2. 01
2014. 6. 20—8. 27	0. 462 99	8. 83	4. 09
2014. 8. 28—9. 15	0. 570 11	9. 36	5. 33
2014. 9. 16—9. 23	0. 443 57	9. 24	4. 1
合计	3. 590 33	8. 72	31. 31

4. 基于事业合伙制管理的项目跟投制度的实施

与事业合伙人持股计划的明显区别在于，项目跟投制度极大地激发了万科中层管理人员和基础员工的参与热情。自万科实施跟投制度以来，万科旗下已经有 19 家公司 29 个项目跟投。在万科项目跟投中，有的员工一个人已经跟投了数个项目，跟投金额少则几千元，多则数万元乃至数十万元。目前，万科在集团范围内建立起内部的项目通报平台，任何一个地方公司若有新的可跟投项目，全公司员工均可参与该项目的跟投。这种情况下，投资周期短、回报率好的优质项目受到万科员工的追捧。

以万科深圳分公司为例，该公司推出了一个跟投项目——万科第五园第五期。该项目规模不大，进展迅速，万科内部人士都十分看好。按照公司合伙制度的规定，普通员工的跟投数额在 1 万~5 万元。员工小 A 对项目十分看好，立即拿出 5 万元跟投。不过，最终他只跟投成功不到 5 000 元，跟投的人太多了，认购率几乎达到 10 倍。

在跟投制度下，合伙人和股东的利益一致，钻空子、只顾眼前利益的做法将很难存在；一线管理层和项目负责人必须强制跟投，因此在拿地上也会更加谨慎，减少盲目拿地的可能性，有利于提高项目经营效益。例如，一线总经理拿了块地，地还没有开发完，他就离职了。若用薪酬制度是没办法保证他与公司始终共担风险的，但只要他买了这块地，且承担了这块地今后经营收益的所有风险，才能促使他与公司共担风险。通过跟投，员工成为项目合伙人，有助于形成背靠背的信任，进一步激发公司内的创业热情和创造性，为股东创造更大的价值。同时，实施项目跟投制度后，公司治理从金字塔式的组织机构转变为扁平化结构。合伙人享受工作收益（薪资）、项目收益（项目跟投分红）和股权收益（股票分红），并以此解决股东和员工的利益分配问题。

（三）治理机制的创新

1. 国企“混合所有制”创新

房地产行业本身就是一个需要高度整合的行业，是通过整合产业链的各相关方来实现产品和服务的一种业态。同时，合伙制也是万科从房地产开发商向城市配套服务商战略转型的必然需求。此外，即使大股东是国有的，万科一直以来都是混合所有制企业，其对原本所有权制度的优化和事业合伙制度的创新，事实上正是为国企“混合所有制”创新提供的一种探索和范例。

2. 向“小集团大事业部、平台服务化”转型

万科将进一步推动组织架构变革，将集团的部分经营管理实权下放至各个大区，进一步推动和激活事业合伙制度中的责、权、利落地，推动过去的“大集团大平台小事业部”架构向当前的“小集团大事业部、平台服务化”转型。作为一种管理机制的事业合伙制度，意在破除几乎所有大企业存在的两种诟病，即层级臃肿和部门间壁垒森严。在传统金字塔架构下，大型企业的公司架构繁杂、层级不断增加导致整个企业运作尾大不

掉。房地产企业有工程部、销售部、材设部等部门，但它们往往有着天然的本位主义倾向，致使部门之间存在隔阂。反观万科，在组织架构上，它以扁平化取代传统的金字塔式结构，这种结构既提高了工作效率，也让组织更加贴近市场和客户。而在部门之间的关系上，合伙制管理的实施，使得通过设置主管来实现管理和监控的需求大大减少，部门间的信息共享愈加重要，互联网时代的信息透明特征也为信息的快速传递提供了支持。

3. 建立任务导向型组织

一直以来，传统的组织架构像一座山，彼此相邻的两个同事沟通一件事情要走过复杂的层级与流程，好似翻山越岭，内部沟通成本非常高。这就需要解构组织架构，打破传统体系的束缚，让员工更加灵活、自由地与志同道合者共同把事业做大。因此，无论你是总监还是经理，都只代表你过去的成绩。

在具体工作层面，万科推行了所谓的“事件合伙机制”，这类似于当前 GE 的 workout 群策群力方法，阿里巴巴叫插件式团队、即插即拔、灵活组合，海尔叫人单合一、按单聚散，国外硅谷企业叫合弄制等。各自用的词不同，但是都旨在打破大组织里的各种边界，针对具体问题、专门事件、专项工作，让人员自发、自主、自觉地跨部门组成机动团队，聚焦攻坚、高效协同地完成任务。万科将这样的行动称为“建立任务导向型组织”。万科以项目工作为单元，围绕项目成立专项团队，设立激励方案。目前，大部分公司的项目操盘手都由跟投员工来参与选聘。因为大家把钱投向了这个项目，他们会选择自己最信任的团队来操盘，而不再是由原来的官僚体系来论资排辈。任何员工不论职级都可以“举手”申请成为该事件的负责人，公司氛围从“要我做”变成“我要做”。目前，万科大部分公司都在采用“团伙竞聘”的形式解构传统组织架构与职务体系带来的壁垒。能者举手上，胜则论功行赏。组织活力得到充分释放，中基层员工的积极性普遍高涨起来。

2. 创业合伙人治理模式

创业合伙人作为公司内部创业团体，在风险可控的情况下，拥有更大的经营自主权。在创业合伙人治理模式下，公司的角色由领导者变成支持者和辅助者，为员工提供技术、人事、生产资料等支持，让人才以公司为平台进行内部创业。创业合伙人治理模式打破了企业内部纵向决策、横向分工的组织体系，由公司建立支持平台，在平台上以合伙人牵头建业务团队。这些业务团队独立决策、自负盈亏，合伙人对项目有充分决策权，享有相当的项目收益，因此工作积极性高，归属感强。

链接 1-13　海尔集团案例①

（一）案例介绍

2007—2009 年，海尔在 IBM 的指导下建立起了一套集团化的管控模式。海尔组织变革的核心主线是社会分工，是专业的人做专业的事，并且要在社会分工的基础之上实现战略协同。所有的组织变革都是围绕着这一主线进行的。而海尔在这个过程当中，还要把全国的生产中心全部统一为一个生产板块，实现规模化和标准化的统一管理。同时，它对全国的销售中心也做了统一部署。在此之前，海尔的省级公司既有自己的生产基地，也有销售、客服、售后服务等一系列部门。而集团化管控一改原有的管理模式，对生产、销售、客服、IT 等业务系统按照“条线”进行了分工，实行了专业化管理，并在此基础上实现了组织之间的协同。这种协同相当于把原来的“分封制”改革为“郡县制”。它的好处在于，建立了标准化体系，实现了规模效益。标准化的体系在专业的团队中是很容易推行的，所

---

① 佚名. 雇佣模式已成历史，合伙人时代即将到来！海尔如何玩转合伙人机制［EB/OL］.［2017-11-17］. http://baijiahao.baidu.com/s? id=1584246084867192385&wfr=spider&for=p；佚名. 阿里巴巴、海尔纷纷实施的战略是什么［EB/OL］.［2017-12-05］. http://www.sohu.com/a/208546624_99923394.

以效率很容易就提高了。但是，它的劣势在于，协同的成本大大增加了。以前，生产、销售、客服等部门之间的协同都是在区域中心的范围内完成的，而现在则需要上升到集团层面去。因此，海尔的管理层意识到，必须要建立起一套内在的运行机制，让协同成为员工自动自发的行为，而无须通过各级组织。这与合伙制管理的设计逻辑是一致的，即怎样让一线人员呼唤炮火，形成一个自动化协同系统的问题。所以，从2009年开始，张瑞敏提出建立企业自主经营体。

（二）实施方案

1. 价值创造平台

当时，有很多人认为，海尔的自主经营体就是阿米巴，但是海尔否认了这一点。不过，二者总体的思想是一致的，都是划小核算单元。海尔的核算单元划小到什么程度呢？当时，海尔划出了468个一级经营体、12个二级经营体和1个三级经营体。在整个公司层面，最上面的是产、研、销三大板块，这也是第一个层级的价值创造平台。其中，生产板块的核算单元划到了每一条生产线，就是说，不论产品的品种是什么，每一天，每一条生产线的产值都要核算出来。研发的核算单元细化到产品的型号。销售的核算单元细化到两端，一端是行业，另一端是区域办事处。海尔的划小核算单元是一种特别具有代表性的变革路线。

在这种变革举措之下，组织里原来的一些成本中心就要被转换成为利润中心。业绩指标、收入和利润是很容易分解和转化的。如今年冰箱事业部的目标（销售收入）是100亿元、彩电事业部是200亿元，那么，在生产系统，所有冰箱品类的销售收入加总就应该是100亿元，彩电所有品类的销售收入加总就应该是200亿元。它只需要按照品类分解下去就可以了。当然，生产、研发的指标也可以稍微放大，确保有一个保底的业绩指标。所以，如果成本能够核算清楚，利润就很好核算了，大家就能够真正从成本中心转变为利润中心。但是，成本怎么核算呢？成本核算部分有一系列详细的内容，如采购成本、库存计价等，甚至要细化到每一批货的不同价格，非常复杂。这里面还涉及技术处理的问题。把一系列的规则建立起来以后，每一个中心就成了真正的利润中心。因此，与多层级的事业合伙人治理模式一样，在海尔的价值创造平台上，其生产线上的管理人员每一天都会对自己的收入和利润进行核算。在这种体系下，管理人员一定愿意生产最容易生产、费时最少、利润率最高的产品。同理，销售人员也一定愿意销售利润率最高、出货率最快的产品，但同时，他对利润率较低的产品的销售积极性就消失了，因为他个人的收益不是最大化的。这是这种模式的内在问题，也是海尔后来一再调整的动因之一。

2. 价值创造的辅助平台

价值创造的辅助平台涉及物流、采购、国际贸易、质量控制、营销等。在此之前，海尔各单位的物流预算等不是由海尔来做的。但现在，作为海尔整体的一级价值创造平台，它承担了所有的物流预算、采购预算、贸易预算、市场营销费用的预算等。所以，物流等辅助平台公司就没有计划预算的任务了，只负责在总部的价值平台上赚钱。如果辅助平台公司的服务达不到总部的要求，也允许它向第三方采购服务。可以看到，这一整套的流程，完全是独立化的运行方式。当然，这种所谓的收费服务并未真正发生现金流，否则会产生大量的交易成本。它是以记账的形式来体现的。

3. 职能部门的价值衡量

在辅助平台的下一层，是人力资源、财务、战略等职能部门。职能部门的价值如何衡量？首先要确定职能部门的客户是谁。比如人力部门，在我们的事业合伙人结构里，它的客户就是三大类人员：第一类是集团领导；第二类是下面的各个业务单元，人力部门负责为各个业务单元提供招聘、人力资源变革方案等服务；第三类是员工个人，为员工提供最基本的人力资源保障，包括社会保险、各类证明的开具等一系列的服务。那么，当集团公司要实现战略牵引、风险管控的时候，应该由谁来买单呢？比如它派了一个检查组为广州的公司做监察、审计，是不是应该由广州公司来买单呢？有很多公司就是这么做的，但这是一种扭曲的做法。当三大类客户明确了以后，职能部门的原则是为谁服务、由谁买单。这时，预算就变得简单了。以前，人力部门的预算是由自己来做的，它根据今年的年度计划打提报预算，经过老板审批后执行。但是这些预算事项完成以后，对公司业绩的贡献仍然是个未知数。而执行了为谁服务、由谁买单的模式以后，职能部门再为集团提供风险管控、干部考察等服务的时候，这些服务就要由集团来买单了。

4. 平台化企业与分布式管理

海尔企业总部在向着资源运筹与人才整合的平台转型。海尔不再强调集中式的中央管控，而是通过分权、授权体系，把权力下放到最了解市场和客户的地方去。海尔的配送派单由过去的雇佣制转变为“车小微”，即员工自己购买车辆，加盟海尔的物流配送系统，每天抢单、送货、安装、维修，收益按比例分成。海尔原服务中心的高如强成为海尔的“车小微”后如是说：“我现在平均每天接单4~5个，加上车的成本，平均每单至少净赚60元。买车花了20 000元，基本一个月之内把买车的投入都赚回来了。”

5. 人单合一自主经营体

以用户为中心的人单合一模式在海尔已经推行好几年了，并且在不断完善中。所谓人单合一模式，就是运用会计核算体系去核算每个员工为公司创造的价值，依据员工所创造的价值来进行企业价值的分享。这种模式使海尔内部形成了无数个小的自主经营体，员工自我经营、自我驱动。海尔内部设立了专门的创业基金，并与专业投资公司合作，支持员工进行内部创业。员工只要有好主意、好点子，公司就可以给资金鼓励他组建队伍去创业，而且员工可持股。海尔提出，企业与员工是利益共同体，共创价值、共享利益。员工只要超越了应为公司创造的价值，就可以分享超值的利益。

海尔的合伙制度就是内部创业，其核心是企业平台化、员工创客化，即把大企业做小，把整个公司的经营单元拆分成更小的业务单元，将其变成一个个独立核算、自负盈亏的业务单元。这些业务单元自己负责产品的研发、设计、生产、销售过程。你为公司创造多少利润，你就能分到多少钱，人单合一，人人都是CEO，其实质是重塑人与组织的关系。如海尔的财务共享中心功能也进行了人单合一的改造，过去在业务部门提出申请后，财务部门按部就班地进行处理，而如今转变成业务部门将需求发布到平台，财务部门同一岗位的人员可以像滴滴打车一样进行“抢单”，及时办结，并获得自己的“单酬”。

6. 倒逼理论与去中心化领导

所谓倒逼，就是让消费者成为变革的“信号弹”，让消费者倒逼员工转变观念、提升素质。而“去中心化”，就是企业不再强调“以某某为核心”，员工只是任务执行者，现在是强调“人人都是CEO”，人人都成为自主经营体，员工也可以去做CEO做的事情。管理者则要从发号施令者转变为资源的提供者和员工的服务者。

（三）海尔变革的启示、启发

1. 平台与合伙制度大势不可逆

2013年，海尔提倡进行企业平台化、员工创客化、用户个性化的“三化”改革。企业平台化是指总部不再是管控机构，而是一个平台化的资源配置与专业服务组织。海尔还提出管理无边界、去中心化，后端要实现模块化、专业化，前端强调个性化、创客化。平台与合伙制度大势不可逆。海尔作为一家极为传统的制造业企业，借助互联网思维，将企业向平台化转变，将组织与激励向人单合一转变，将雇佣关系向生态圈的合伙创业者转变。这一变革对于一家几万人的制造业企业来说无疑是巨大的。海尔的变革也预示着在新的商业环境下，传统企业向平台化转变、向合伙制转变这一历史潮流的到来。

2. 接受公司的组织“失控”与无序状态

在海尔的变革中，海尔作为一个几万人的组织明确、流程严谨的制造业企业，逐步进入了混序甚至无序状态，组织进入“失控”状态。企业内部逐渐市场化且充满自由竞争，内部员工的关系从同事变为同行、从协作变为竞合。每个人自己找自己的位置与价值，前端向市场去找、后端向前端去找。

3. 用市场规则而非管理逻辑塑造企业

类似海尔这样的大变革，其过程一定会出现无序和“失控”，很多员工会不适应，找不到人做决策和签批，不知道自己怎么获取订单，内部竞争和抢单等情况都会出现。这种“失控”是将习惯了打卡上班领工资的员工转变为自主经营体的一个过程。在这种“乱象丛生”中会走出一批批真正适应市场、能抓住市场、有外部竞争力的团队和经营体，最终实现转型和成功。用管理逻辑、管理者的价值判断来管理企业，必然会遇到市场阻碍。只有将员工放入市场，用市场规则去重塑企业，才能实现企业竞争力的增长，企业才能不被时代淘汰，永远站在时代的风口。

4. 减少“行政干预”，平等对待合伙人

在合伙制推行的过程中，必须减少“行政干预”，实现内部市场化。员工一定是自己找位置、自己找团队，自己找自己在大平台中的价值点，而非人力资源部主导、安排。在这样的双向选择下，不再有人会为那些对平台、对各个合伙人团队没有任何价值的员工支付酬劳。对平台和合伙人团队没有任何贡献的人员一定会慢慢地找不到自己的岗位，这会实现企业的内部净化。

3. 业务合伙人治理模式

业务合伙人应具有以下特征：①较强的创业创新能力，能够积极拓展新业务；②较强的组织能力，能独当一面，拥有一个志同道合的团队，共同为了理想而奋斗；③具备一定的资金能力和经营能力。

以永辉、温氏为代表的业务合伙人治理模式类似于承包制的演化，即在公司确定的业绩、利润基础之上，对由经营团队通过努力实现的增值部分进行利润共享造。例如，永辉超市推行的一线员工合伙制。业务合伙人治理模式不涉及法人主体及股份身份事宜，业务合伙人可通过自己的开拓与努力实现业绩与利润，并享受分成。温氏的合伙制管理是让合伙人既出钱又出力，让大家共享一个品牌、一个平台、一套管理体系，实现规模化效益。同时，企业保证合伙人跟着干就赚钱，实现分布式作业、自主经营、独立核算。这种合伙制模式延伸到产业价值链，并打通了产业价值链。例如，7-ELEVEN 没有自己的实体店、工厂和物流中心，但 7-ELEVEN 是一个共享经济体，通过合伙制把日本国内的 19 000 多个小微型夫妻零售店、175 个工厂、140 多个物流配送中心构建成了一个赋能型、开放型的生态体系。

链接 1-14　温氏集团案例①

（一）温氏集团背景

据《温北英的伊甸园梦》一书记载，温北英谨小慎微、低调做人、与人为善。同时，他接触了大量儒家、佛家经典，深信“大同思想”，骨子里又憋着一股“乡村建设运动”的干劲。多年后，“大同思想”变成“同呼吸、共命运”的温氏企业文化，温北英也提出了他所理解的“全员持

---

① 佚名. 温氏合伙人制度的威力［EB/OL］.［2017-07-11］. http://www.sohu.com/a/156082351_758426.

股”资本治理结构。

1978 年，温北英成为新兴县城食品厂的养鸡技术员。五年后，他停薪留职，与其子温鹏程，同宗兄弟温木恒、温金长、温湛，同班同学严百草(又名严居然)，县食品公司站长梁洪初，簕竹公社党委书记温泽星八人各出资 1 000 元，创办起簕竹鸡场。这就是温氏集团的前身。

在中国，最早开始全员持股制度的便是温氏集团。因为温北英很早就认识到人力资本的价值，提出企业发展的关键是人，能否强力调动各方人员的积极性是最主要的一环。他认为，必须注重人力资本，让大家一起创造价值、一起分享。这种理念最终落实到温氏的组织模式、管理模式、生产模式，尤其是分配机制上。在利益的分配上，温氏集团遵循的是“首先是农户，其次是员工，最后是股东”的原则。温氏集团集团采用的保价收购政策最能体现这一点。所谓保价收购是指当市场处于低谷时期，温氏集团坚持高于市场价收购，以保证养户的合理利润。类似事件在温氏集团历史上层出不穷，如 1997—1998 年发生禽流感，温氏集团赔了 2 亿多元，公司差点倒闭；2005 年，温氏集团把养猪赚到的 44 亿元中的 36 亿元赔给受 H5N1 疫情影响的养鸡户；2013 年，受 H7N9 影响，温氏集团巨亏 30 亿元，但农户损失不大。

(二) 实施方案介绍

1986 年，温北英在集团内推行了职工全员持股制，并打出了富有现代企业色彩的口号——“温氏食品、人人有份”。全员持股的首要现实意义在于融资。1985 年，簕竹鸡场种鸡饲养规模仍然只有 1 000 只。为扩大养殖规模，温北英号召鸡场 30 多名员工投资入股，募集了十几万元资金。到 1989 年，为节约饲料物流成本，簕竹鸡场开始承租、自办饲料厂。1990 年，簕竹鸡场发行内部股 1 万股，面值 100 元；1992 年，按 370 元/股收回原股票，又发行面值 1 000 元的内部股。据此，温氏集团在年纯收入只有数百万元时，就形成了年产20万吨的饲料生产规模。1994年1月，簕竹鸡场启动股改，设A、B股，每股100元。其中，A股达21万股，共担风险，分红不封顶；B股达3.6万股，养殖户与推销户也可认购，月月领取红利，并可在财务部交易转让。股改事成，资本已达数千万元的温氏集团横空出世。随后十多年，温氏连续增资扩股，股东数量一度达到8 250人。

温氏集团创立于1983年，在2016年的营业总收入达到593.6亿元，同比增长23.05%；营业利润为125亿元，同比增长86.01%；归属于上市公司股东的净利润为117.9亿元，同比增长89.99%。净利润率高达19.9%的温氏集团有6 800多个股东。56 000多个家庭农场的加盟，也是通过合伙制度实现的。温氏集团通过建立平台，把56 000多个家庭农场用互联网联结在一起，实现了所谓的“集约化管理+分布式作业”。

温氏集团2016年的销售收入约590亿元，盈利约130亿元，占了整个创业板20%的利润。为什么温氏的利润率能超过高科技企业？原因在于温氏通过建立管理平台，通过互联网把56 000多个家庭农场联结在一起。而这56 000多个家庭农场全是农场主自己掏钱投资，产权基本是归农场主所有，但这些农场主共同在一个事业与管理平台上经营与生产。这样做的结果是什么？第一是轻资产。如果一个企业自己投资56 000多个家庭农场，投资成本是非常高的。第二，解决了责任心的问题。农场都是在很偏僻的地方，职业经理人基本不愿意去。但是如果养殖场是自己的，很多人甚至吃住都在养殖场。这解决了生产作业的责任心的问题。温氏集团为56 000多个合伙人搭建的是一个齐创共享的事业合伙管理平台。这些家庭农场共享一个事业平台、一套基于互联网的管理平台。这套以共享事业与管理平台为核心的合伙制，可归纳为32个字：数据上移、平台管理、责任下沉、权力下放、独立核算、分布生产、共识共担、齐创共享。

（三）案例经验与启示

温氏集团首先照顾到的是农户的利益，接下来是员工、社会，最后才是股东。虽然农户和温氏集团是一种合作关系，而不是一种企业管理式的关系，在某种意义上不受公司直接管理，但在整个温氏模式中，合作农户可以定义为公司的“员工”。而这些农户和温氏的关系用现在的逻辑来分析的话，就是事业合伙人。温氏提供平台，农户借助平台进行创业和发展。而对于为这些农户提供平台服务的员工，温氏也给了他们充分的福利，让每个在属于自己位置的人都能得到应有甚至超出范围的福利。农户和员工满足了自己应该有的归属感，自会提高生产积极性。温氏集团与农户形成了紧密的合作关系。温氏所坚持的是，哪怕企业破产也要说到做到，这是绝大多数企业所无法企及的。做企业，不能过度实用主义，一切都是为了自己得利，终究还是会被看穿的。所以，在危机中温氏员工依旧坚定信念，不抛售股权，与之合作的家庭农场、合作客户，始终不离不弃，甚至主动筹集资金帮助集团度过过难关。员工更是主动要求减薪和缓发工资，支持企业走出低谷。

4. 复合型合伙人治理模式

企业通过横向纵向的合伙制管理构成了可以彼此赋能的生态产业组织。复合型合伙人治理模式的代表性企业是复星集团。从纵向看，复星集团有不同层面、不同平台的合伙人。最顶层的是复星集团的全球合伙人；第二层是投资的产业平台、产业平台合伙人；第三层是创业公司的合伙人，他们负责搭建小微创业平台，让员工从“为公司干”变成“为自己干”，激活组织战略落地。从横向看，有经营班子合伙人、职能部门（人力、财务、法务、风控、IT、公共事务等）合伙人、门店合伙人、买手合伙人等。

链接 1-15　复星集团案例[①]

复星集团创建于1992年，是中国最大的综合类民营企业集团，其业务涉及钢铁、房地产、医药、零售和金融服务以及战略投资业务。其主要业务均受益于中国的城市化、巨大的人口、高增长市场及服务全球的制造业带来的持续增长，且基本进入中国行业前列。复星集团旗下的上市公司有南钢股份（600282. SH）、复地（2337. HK）、复星医药（600196. SH）、豫园商城（600655. SH）和招金（1818. HK）。复星构建的多层次合伙人模式并不是一个官僚体系，而是要求各层次的合伙人，能够自我驱动，能够自己闭环，利用复星的资源推进业务，要站在董事长的角度思考问题，要有全球的意识和能力。

（一）实施方案

1. 全球合伙人计划

2012年，复星打造投资性集团公司平台，公布新的事业合伙制度。2016年1月1日，复星集团推出了全球合伙人计划，向首批18位全球核心管理人员（“承授人”）授出共1.11亿股普通股股份购股权。为秉承复星国际有限公司，连同其附属公司统称为一贯倡导的企业家精神的核心价值观，激励本集团核心管理人员的价值创造、主动承担及业绩贡献，持续完善多层次及长期的激励机制，积极推动管理创新及文化传承，复星集团决定向首批18位全球核心管理人员授出购股权。每名承授人可分三次行使购股权如下：①在授出日第五周年日至购股权届满失效的任何时间，首次行使最多20%购股权；②在授出日第六周年日至购股权届满失效的任何时间，再次行使最多30%购股权；③在授出日第七周年日至购股权届满失效的任何时间，行使余下50%购股权。购股权须待承授人已达成与复星集团

---

① 于晓娜，朱丽娜. 专访复星新生代管理层 构建多层次合伙人制度 合伙人有进有出［EB/OL］.［2017-03-30］. http://www.21jingji.com/2017/3-30/0OMDEzODFfMTQwNTc0OQ.html.

相关的特定绩效目标后才可被行使。绩效目标由董事会厘定并于各承授人各自的授予信函中载明。除非已达成绩效目标，否则向承授人授出的购股权将失效。

2. 合伙制管理要求

(1) 复星的合伙人一定要有“自我驱动”的精神，不用扬鞭自奋蹄；要有“主动闭环”的意识，要去主动了解、对接复星的资源，推动协同发展。如果你作为全球合伙人，还不知道复星到底有哪些资源，肯定是不合格的。

(2) 复星合伙人要从骨髓里认同复星的文化，有大局观，以集体利益为重。复星的全球合伙人，要能从复星的大局出发，一方面要深深认同复星的文化、战略；另一方面不仅要独当一面，还要以复星集团利益最大化去打通、整合内外部资源，发展复星的生态系统。

(3) 复星的合伙人绝不是终身制，每年都会有新增和退出的合伙人。复星最希望有两类人能成我们的全球合伙人：一类是能独当一面，为复星做出巨大贡献的人；另一类是深刻认同复星的文化和战略，更加年富力强、有巨大发展潜力、愿意不断向高处攀登的学生。对这两类人，我们都要鼓励、重视。

(二) 运行情况

复星国际在2016年1月推出“全球合伙人计划”可谓正当其时。这无疑给公众发出一个信号，复星集团是一个有稳定职业经理人团队的现代化企业，并且这些职业经理人对公司未来有强烈信心，并且自愿为集团绑定至少十年。这些核心高管，通过股票授予，已经成为复星集团的合伙人，将继续为集团的持续发展贡献力量。复星国际推出的“全球合伙人”计划，其合伙人并非终身的。

复星国际主要以投资并购为主业。投资决策和投后管理是其最为重要的业务内容。但是每个合伙人在投资决策过程中，扮演什么样的角色，行使什么样的权利呢？投资成功的收益是什么？投资失败，后果又是什么？这与合伙人的身份又有什么样的关联？这些好像在目前的合伙人计划中并没有得到很好的体现。合伙人不仅仅是一个身份的象征，更应该是一种责任、一种使命。如果这种责任和使命没有一定的权利作为基础的话，那么将是一句空话。

（三）案例经验与启示

合伙制管理不仅仅是一种模式、一种制度，更是一种发展的机制、一种管理的机制、一种分享的机制。在这种模式下，每一个加入进来的合伙人可以掌握自己的命运。复星集团打造这种新机制与新平台就是为了使优秀的企业家再创业。正是这种互相欣赏、互相吸引、互相选择，成就了人才与复星并肩战斗的“人和”，也使得企业家精神开花结果。

多层事业合伙制实现了在不同岗位创造最大价值。传统单层事业合伙制与股权激励下，分配和价值实现是一体化的，容易造成“搭便车”的问题。随着资本市场越来越独立化，企业商品化程度与股价的高低跟企业的业绩之间不完全是正相关关系，此时，股权激励就会出现问题。你干得多未必拿得多，干得好未必拿得好，什么都不干可能你还拿得很高。有个很典型的例子，有家公司的CEO上任四十多天就被解职，却拿了两千多万美金的期权，价值分配和价值创造出现了严重的不对等。多层事业合伙制下，每个事业部、每个子公司、每个核算单元，都有各自业态的估值逻辑。在此基础上，分别建立起各事业部、子公司、核算单元的股权激励，以实行虚拟股权。各事业部、子公司、核算单元的总体价值，又构成整个集团的价值结构，从而建立起多层事业合伙人股权“上翻机制”，在集团上市公司层面解决流通的问题。

二、合伙制管理的激励模式[①]

（一）增量分红激励模式

传统的雇佣模式激励体系是“工资+提成+奖金+福利”。增量分红激励模式是在传统的薪酬体系下增加利润分红。公司可以先约定目标业绩与利润，当达到目标利润后，可以把超额或者增量的利润分配给团队核心人员，存量可以按照“公司90%、员工10%”分配，增量部分可以按照“公司50%、员工50%”分配，以体现激励效果。

链接1-16　永辉超市增量收益的再分配

永辉总部与合伙人代表（经营单位）根据历史数据和销售预测制定一个业绩标准。如果实际经营业绩超过了设立的标准，增量部分的利润按照比例在永辉总部和合伙人之间进行分配。由于永辉有数万名员工，永辉总部不可能与每一位员工去开会敲定合伙人制度的一些细节和考核标准。因此，一般情况下，合伙人是以门店为单位与永辉总部商谈。永辉总部代表、门店店长、经理以及课长一起开会探讨一个预期的毛利额作为业绩标准。在未来门店经营过程中，超过这一业绩标准的增量部分利润就会拿出来按照合伙人的相关制度进行分红。店长拿到这笔分红之后就会根据其门店岗位的贡献度进行二次分配，最终使得分红机制照顾到每一位基层员工。永辉超市实施合伙人制度后，当年的经营效果与管理效率明显提升：员工人均工资从2 309元增加到2 623元，增加了14%；日均人效从1 610元提高到1 918元，升高了19%；而离职率从6.83%降低到4.37%。

（二）虚拟股激励模式

虚拟股激励模式是指公司授予激励对象一种“虚拟”的股票，激励对象可以据此享受一定数量的分红权和股价升值收益。如果实现公司的业绩目标，被授予者可以据此享受一定数量的分红，但没有所有权和表决权，

① 佚名. 做好合伙制的六种模式［EB/OL］.［2017－08－11］. http://www.sohu.com/a/163808339_335296.

不能转让和出售虚拟股票。虚拟股票在被授者离开公司时自动失效。公司在支付收益时，既可以支付现金、等值的股票，也可以支付等值的股票和现金的结合。虚拟股激励模式通过让持有者分享企业剩余索取权，以此来达到将他们的长期收益与企业效益挂钩的目的。比如华为的虚拟股，本质上是一种分享制。该模式将公司或者事业部资产换算成虚拟股，然后授予员工一定数量的虚拟股。这种模式对财务核算要求比较高，要特别设置好进入、调整、退出机制，特别是退出时的资产增值收益。

链接 1-17　华为的虚拟股模式

华为是全球领先的 ICT（信息与通信）基础设施和智能终端提供商，是一家由员工持有全部股份的民营企业，目前有 18 万员工，业务遍及 170 多个国家和地区。华为在 2017 年营业收入达到 6 036 亿元，净利润 474 亿元。虚拟股票与员工持股是华为实现内部员工激励的重要手段。华为借助极具特色的股权治理机制设计锻造了超乎寻常的员工关系，进而推动并激发员工去创造超乎寻常的客户关系。具体情况如图 1-5 所示。

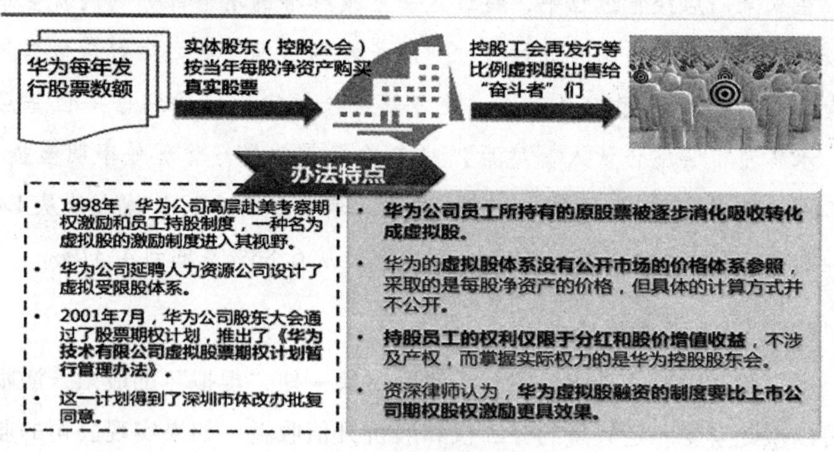

图 1-5　华为的虚拟股模式①

① 佚名. 做好合伙制的六种模式［EB/OL］. ［2017-08-11］. http://www.sohu.com/a/163808339_335296.

（三）创业激励模式

在创业激励模式下，公司与核心高管合资成立公司，共同运营业务，并根据出资额的多少确定股份比例，还可成立董事会，共同决策。在该模式下，公司有控制权，员工有经营权和分配权；公司也可以设置一定的期权池和激励机制，一步步地让渡股份，持续不断地激发员工的创业热情。

链接 1-18 芬尼克兹案例①

芬尼克兹是一家专注于热泵相关产品的研发、制造及销售的高新技术企业。2005 年，芬尼克兹裂变式创业模式诞生。在该模式下，员工在母公司创业成立子公司，骨干员工入股享受分红（如图 1-6 所示）。芬尼克兹通过员工入股保持了更多的新鲜血液，同时也大大提高了员工的积极性。芬尼克兹的裂变式创业模式的现实价值在于：母公司创始人控股新公司，同时在收益权上充分激励创业团队；创业团队成员必须掏钱参股，以身家性命赌未来；用钱投票，可杜绝人情关系，选出最好的创业项目和团队；人人平等，每位员工都可报名参加创业大赛，打破新员工职位无法超过老员工的企业伦理困境。

在股份分配上，大的股东必须要相对集中在几个人。而在利润分配上，利润的 20%是管理层分红，30%是公司提留，50%是参股人按照股份比例提成。管理层是指以总经理为首的核心管理层，一般为 2~3 个人。若一年的利润达到 1 000 万元，管理层就会得到 200 万元，总经理可能在管理层分红中得到 100 万元，同时他从股份分红得到 50 万元，加起来一共是 150 万元。创始人在新公司的分红是 125 万元。在这样的设计里，总经理

① 佚名. 芬尼克兹：如何激发内部创业活力？[EB/OL]. [2017-06-28]. https://site.douban.com/211785/widget/notes/16811643/note/626710649/；佚名. 芬尼科技的裂变式创业模式 [EB/OL]. [2017-07-31]. http://www.changjiangtimes.com/2017/07/574350.html；佚名. 柏明顿管理咨询合伙制经营模式是一种商业模式创新 [EB/OL]. [2018-07-06]. http://blog.ceconlinebbs.com/BLOG_ARTICLE_255448.htm.

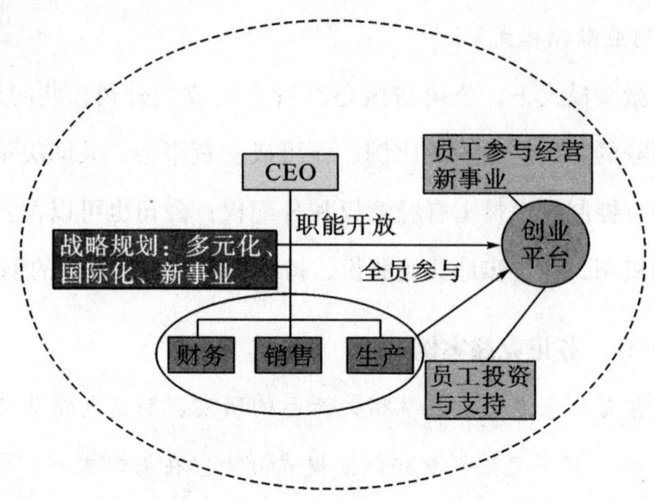

图 1-6 芬尼克兹的创业激励模式

在新公司的收入比创始人还要高。在企业蒸蒸日上的时候，要有人带头往前冲；在企业陷入低谷的时候，也要有人敢于挺身而出。冲在前面的人就是企业的“主心骨”。

芬尼克兹依靠这套体系，把员工变成股东。选举则是裂变式创业的灵魂。公司通过拿钱投票这种方式选出来的人德才兼备。和职业经理人不同的是，这样选出来的总经理更能够全身心投入。选票的设计分为三块：投给谁，投多少钱，签字。签了字，就得兑现，如果食言，员工就得被罚款，罚款金额高达年薪的 20%。同时，参加竞选的人作为大股东，必须投入项目所得金额的 10%。谁获得的投资额大，谁就是新公司的总经理。这场创业大赛吸引了 14 个小组、60 多名员工报名。芬尼克兹用创业大赛和人民币选出优秀的合伙人，取得了较好的效果。芬尼克兹内部创业的具体制度如下：

1. 参赛人

芬尼克兹的任何人都可以组队参加创业大赛。这个团队必须有人担纲。一开始参赛团队要拿出项目思路，然后要接受一系列创业培训，比如战略制定、财务培训。

2. 评价标准

投资要看两方面：一是团队，二是项目。芬尼克兹的内部创业大赛把这两方面的评价进行量化，各占100分，总分200分。

3. 参赛团队及其担纲人

在初赛时，评委会从7个维度来评价参赛团队及其担纲人：工作年限、目前职务、对芬尼克兹理念的认同度、战略思维、创新思维、团队打造、人格魅力。这些维度的分值加起来是100分。例如：在工作年限方面，5至8年是最优，3至5年和8至10年都属于“良”，2至3年和10至15年都是“中”，2年以下和15年以上都属于“差”。因为他们认为，5至8年这个时间段（27岁到30岁）是创业精神和工作经验的最佳平衡时段，越往后，经验越足，但创业冲劲越差。在职务方面，所任职务越高，打分就越高，因为职务越高说明其能力和影响力被公司认可的程度越高。

4. 项目评估

虽然现在可以不用钱去创业，换句话说，可以做到零资本创业，但是为什么还是需要钱？芬尼克兹创业大赛的评估关键是财务报告。创业团队需要做未来3年以上的现金流量表，必须告诉其他人这3年的现金流量到底是什么情况。在创业团队参赛之前，财务部门会审核所有可行性报告里面的财务报表。数字可以是编的，但是逻辑必须是对的。例如：团队可以编3亿元的利润，但关键是要看它是不是符合逻辑。另一个关键的点是，评委还要通过这张表了解这个团队的骨干们自己愿意出多少钱。

5. 关键流程

芬尼克兹在筛选项目、挑选团队的过程中，还有创业团队的关键流程。参赛团队的担纲人必须愿意从自己的积蓄中拿出10%。这个规定是对员工做的第一轮筛选，这样可以选出有创业精神的人。没有创业精神的人，就算命令他来做这件事，他也是做不好的。不要相信干股，创业成功的关键在于是不是自己掏钱出来创业。因为干股是一个利益共享、风险不共担的结果。富贵险中求，风险越大，收益越大。所有的风险都由老板承担。亏损时，高管唯一的想法就是另找工作，他不会积极地去想怎么样把企业做好，让企业起死回生。这个时候最可怜的就是老板。所以，创业成功的关键还是自己掏钱来创业，一个人要是肯掏钱来创业，一定会全力以赴。

（四）风险投资激励模式

在该模式下，由员工成立公司。母公司作为投资人，只出钱不出力；员工既可出力，也可出钱（如图1-7所示）。比如一个项目估值为500万元，公司投资100万元，占股20%，于年底分红。公司也可要求确保资产回报率不低于多少。海尔的创客模式，让人人都是CEO，在公司平台创业。

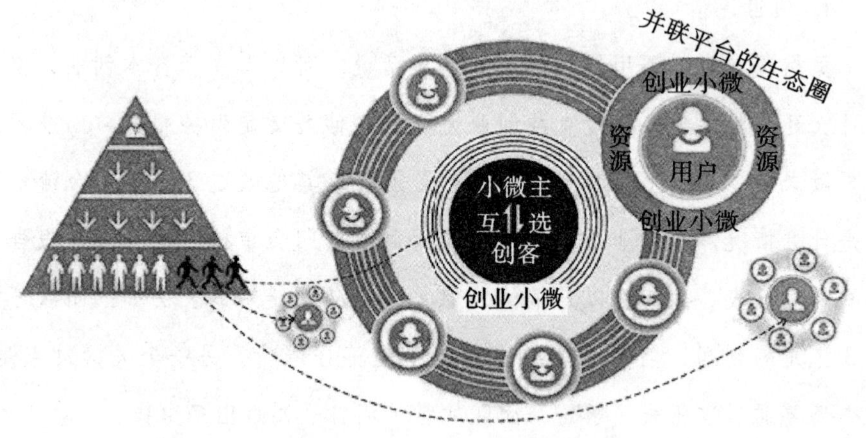

图1-7 风险投资激励模式①

① 佚名．做好合伙制的六种模式［EB/OL］．［2017-08-11］．http://www.sohu.com/a/163808339_335296.

（五）内部交易激励模式

在该模式下，员工成立普通合伙企业，内部约定分红比例和经营机制。公司将产品以“成本价+合理利润”供给店员合伙企业，店员合伙企业利用公司的门店资源进行经营。公司不用再给店员发工资，从雇佣变成合作。此外，该模式还具有避税效果。海澜之家的经销商模式、拉夏贝尔的合伙人制度都是对内部交易激励模式的很好尝试。

链接 1-19　拉夏贝尔的店铺合伙人制度①

拉夏贝尔推出的合伙人制度是以利益为导向的激励模式，员工付出的劳动越多，其所获得的就越多，风险还是由公司承担。拉夏贝尔希望以合伙人制度来促进这些直营店铺店长及员工发挥最大的积极性。目前，拉夏贝尔采用多种与经营成果挂钩的形式。首先，根据店铺往年销售情况，拉夏贝尔设定了店铺的整体薪酬回报制度，按照各员工对店铺销售额的贡献，店长和店员共同分享店铺所得薪金总额。其次，在传统的店铺考核形式上，店长和店员之间因为利益不一致，容易形成管理与执行两张皮。拉夏贝尔为了培养团队作战能力，实行店长和店员共同分享店铺所得的薪金总额的制度，使得店长和店员之间形成的利益共同体得到强化。最后，一般传统店铺的店长只关心业绩，很少考虑整体经营，如营销、导购、成本控制等。而在拉夏贝尔的合伙人机制下，店铺经营人员需要考虑整体的店铺经营活动，让店铺成为自主经营管理中心，以实现绩效的最大化。

拉夏贝尔的店铺合伙人制度，让每位店员成为店铺合伙人，根据店铺业绩参与分享企业利润。员工薪金的计算方法由原来的“固定工资+佣金”

---

① 佚名．拉夏贝尔要开到 1 万家店 靠怎样的店铺合伙人制度 [EB/OL]．[2016-02-18]．http://www.linkshop.com.cn/web/archives/2016/344400.shtml；佚名．拉夏贝尔用合伙人机制，打破服装零售的“死穴” [EB/OL]． [2017-12-21]．http://k.sina.com.cn/article_6420374777_17eaf24f9001002ddf.html.

形式调整为直接与销售业绩挂钩，公司根据店铺往年销售情况设定店铺整体薪酬回报占店铺销售额的比重，店长和店员共同分享店铺所得的薪金总额。另外，为鼓励各店铺超额完成公司定下的销售目标，拉夏贝尔给予店铺更大自由度，由店长根据实际人手需要决定店员人数和轮流值班制度，让每一个店铺成为自主经营管理中心，实现绩效最大化。在服装产业，一般的店铺导购员关注的只是自己的销售额，对于服装是否打折，打几折售出并不关心。很多时候，导购员反而期待打折，因为折扣越大越好卖，最终完成销售额拿提成就行。但对服装企业来说，折扣越大意味着企业的成本占比就越高，盈利空间就越小。所以，合伙人制度有助于帮助店长和店员从销售额指标转向考虑成本和利润指标。这种合伙人制度的最大优势就是强化店长和店员作为合伙人的归属感，进而促使他们从企业长远发展的角度来考虑问题。

（六）项目跟投合伙激励模式

项目跟投合伙激励模式将公司的业绩、股市的表现、投资的风险与员工联系在一起。在项目开发的过程中，项目所在区域公司相关人员必须跟投项目，共享利益、共担风险；而管理者须将年终收入用于购买公司的股票；所有人员的收入不再仅由个人绩效考核来定，而是与公司的收益、项目的收益紧紧捆绑在一起。例如，地产“黑马股”上海中梁地产通过实施项目跟投制度，多年稳居中国房地产百强企业，2018 年跻身综合实力 25 强、成长速度位列 TOP10 第 1 位。在多级激励体系下，区域公司对自己区域的所有项目经营实行“费用包干”，超出费用部分由区域公司全体承担，结余部分由区域公司全体进行分享。区域公司可进行最高不超过 8%的项目跟投，要求核心管理层强制跟投，其他人员自愿跟投。同时，企业提供内部杠杆，既满足公司的强制跟投要求，又能保证股东利益，激发所有员工的“老板意识”、共同参与经营、共享企业经营成果。由于团队被激活、协调更顺畅、营销更生猛，上海中梁地产迅速拿下三线、四线房产市场。

链接 1-20　同心共享：碧桂园推升级版合伙人计划①

碧桂园曾在2012年年底推出过名为“成就共享”的激励计划：区域和项目公司在获取地块的时候，要根据目标利润率、销售额等数据倒推意向地块的投资金额，能做到才竞拍，否则放弃；项目经营管理人员将最终根据项目资金回笼速度和所创造的净利润获得奖励。净利润越高，资金回笼越快，项目经营管理人员能分到的奖励就越高。除现金奖励部分外，获奖项目还可以获得股权激励，这部分奖励将直接作为碧桂园集团购股权计划下员工行使购股权需支付的行权对价。这个计划为碧桂园近两年的规模扩张提供了强劲的动力，但随着房地产行业从“黄金时代”向“白银时代”的过渡，这套激励机制的短板也开始显现：按照规定，新项目无论何种原因在考核期内出现亏损，亏损额的20%将由区域总裁及项目总经理承担；若一年内现金流不能回正，则该考核单元将失去继续参加成就共享计划的资格；如参加成就共享计划项目最终未能获得奖励，将视情况对区域及项目管理层进行处罚。严苛的惩罚机制意味着项目层面需要承担较高的经营风险，这意味着项目层面可能会因为“求稳”而丧失新的发展机会。

针对“成就共享”的激励计划的局限性，碧桂园于2014年推出升级版合伙人计划，即“同心共享”。新版合伙人计划规定：获得的新项目均采取此跟投机制，即项目经过内部审批定案后，集团投资占比85%以上，员工可跟投不高于15%的股权比例，共同组成项目合资公司。除了集团董事、副总裁、中心负责人及区域总裁、项目经理需要对项目强制跟投外，

---

① 佚名. 关于合伙人制度及其创新［EB/OL］.［2016-11-29］. http://www.sohu.com/a/120216278_470061.

其他员工在不超过投资上限的前提下也可自愿参与项目跟投，其中区域总裁、项目经理等仅需投资自己区域的项目，占比不高于10%，集团员工可投资所有项目，但占比不高于5%。在回报机制上，当项目获得正现金流后，利润就可分配，所得利润可用于投资下一个项目，也可交给集团公司有偿使用；项目有盈利时，可进行分红；但如果项目出现亏损，参与者不可退出。值得注意的是，在项目投资期间，参与者进出自由。

在“同心共享”制度设计下，核心管理班子成了项目公司股东，可以强化买地、设计、成本控制、销售及间接费用控制的全过程管理力度，可以增强员工的主人翁意识，真正实现员工当家做主，有利于稳定员工队伍。

第四节　合伙制成为管理创新的驱动力

合伙制将成为企业持续发展的战略动力机制，推动了企业战略创新、公司治理结构优化、组织与人的关系重构，充分发挥了核心人才的积极性，极大地推动了公司的治理机制与激励机制创新，实现了有效激励而不失控制权。

合伙制在与平台管理的不断融合发展中，实现了商业模式创新，如图1-8所示。未来的发展中，企业合伙制不是简单的激励与治理手段，它将涉及企业商业模式创新等。

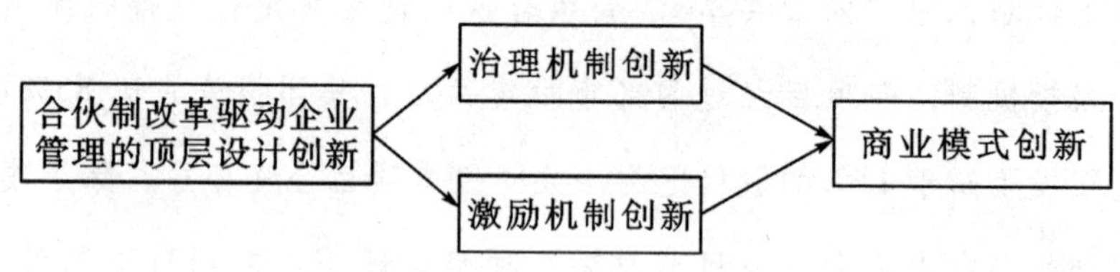

图1-8　公司合伙制管理改革与创新

一、合伙制改革驱动企业管理的顶层设计创新

合伙股权设计解决了企业的产权问题、分配问题和经营管理问题。首先，企业通过股权设计，将创始人、合伙人、投资人、经理人的利益绑定在一起，推动企业在长期经营方向、运营模式及其相应的组织方式、资源配置方式上的整体性转变。其次，企业通过优化合伙制经营模式生存的土壤和生态环境，使企业凝聚了一批有追求、有意愿、有能力的人抱团打天下。再次，合伙文化价值观与愿景是企业创新与发展的原动力。

二、合伙制推动企业治理机制创新

（一）组织模式平台化

波士顿咨询公司联合阿里研究院发布了《平台化组织：组织变革前沿的“前沿”》。该报告认为：“平台化组织是现代企业为了顺应市场、技术、人才的新趋势而形成的新型组织形态，这一组织形态会依据不同的市场环境形成不同的子类型，在组织结构和内部治理机制上形成较大的差异。”所谓平台化组织模式，就是去掉中间层，把整个组织变成根据业务需要成立的自由团队，让组织服务人，将企业塑造为合众分享、创业孵化的平台。传统的“公司+雇员”这种持续了一百多年的组织体系，正被个人经营者、团队经营者和平台经营者共生的合伙制管理颠覆。平台化组织模式是对新经济时代机遇和挑战的有效应对，也最能符合人性和企业的商业属性。平台化组织模式将个人的创造性、领导力和企业家精神作为组织系统重要的组成部分。过去，很多企业的成功，凭借的是领导者“抬头看路”，而基层员工“低头拉车”。这种传统的组织体系，对领导者的个人能力有着很高的要求。但很多企业的人力资源经理都遇到过这样的困惑：随着公司做大做强，很多优秀的人才却流失了，更令人力资源经理不解的

是，跳槽方并非企业的竞争对手，或是看似优秀的公司，而是去了一些小公司，甚至是创业型公司。越来越多的年轻人希望实现自我价值，而传统公司“慢慢升级”模式也被年轻人越来越不屑。但是，并不是人人都适合开公司创业，大企业必须要想办法给予这些有想法的人更多的机会，平台化的组织模式正合适，每个小前端可以视为一个企业内部的创业项目。

平台化企业组织的四大重要特征：大量自主小前端、大规模支撑平台、多元的生态体系，以及自下而上的创业精神。在未来，组织最重要的功能将是赋能，而不再是管理或激励；项目、产品、创意等将由小前端启动；平台使用风险投资型机制和内部自由市场机制来配置资源；领导层不再进行事无巨细的管理，而是给予更多的授权。

链接 1-21　永辉的组织模式变革①

2014 年前后，永辉推出了合伙人制度。最初，这一制度在部分区域的少数门店进行试点，2015 年之后便开始在全国推广。而现在，合伙人制度几乎涵盖了从总部到门店的所有部门。在总部，原来的总经理、总监、经理等职位取消，取而代之的是联合创始人、核心合伙人、合伙人等阿米巴模式的职级。而在门店，永辉大卖场被分解为 16~18 个经营单位，超级物种被分解为 8~10 个经营单位，永辉生活被分解为 1~2 个经营单位。每个经营单位以“6+1”的合伙模式进行“承包”。永辉集团董事长张轩松提出，把整个公司的 7 万人分拆成 1 万个小组。这就实现了“大公司、小组织”的目标。为此，永辉正酝酿一场影响深远的组织架构变革，取消原来的生鲜与加工、服装以及食品用品事业部三大事业部，取而代之的是更加机动灵活、专注各个品类、营采合一的商行。

---

① 佚名. 永辉：布局生态、搭建平台 它能成为“第三极”吗？[EB/OL]. [2017-12-05]. http://www.100ec.cn/detail--6427161.html.

（二）组织管理扁平化

在传统的组织中，管理离客户太远，决策重心过高，层序多，对外部市场的反应迟钝。在合伙制管理模式下，员工之间更多体现为合伙、相对平等，而非传统的上下级关系。合伙制管理模式打破了原有科层制组织规则，使官僚主义空间更小、部门间的隔阂变小。小米创始人雷军曾说："你要鼓动大家的积极性、鼓励大家创新的时候，如果都是那种层层汇报的架构，比如有五六层、七八层的层级架构，大家怎么可能会有创新性？我要做一个决策，我说了不算，我要跟七八个领导做汇报，要等两三个月之后才有意见的回复，工程师怎么会有胆量创新？所以，小米研发层级结构是基本的三级：一层是员工，一层是核心主管，一层是合伙人。特别是研发部门也不会有正经理、副经理，不会搞得非常复杂。"

（三）分权管理常态化

在公司管理权方面，因为股权结构和合伙人体系的优化，股东之间的权利相对更均衡，经营层的话语权更大，分权变成常态。在合伙制管理模式下，资本雇佣劳动变为资本与劳动的合作；员工变为兼具股东身份，从打工者变为合伙人，资本与员工更多地融合。由于合伙制管理模式改变了组织架构和契约合同，员工的行为就会随之改变，潜力也被充分激发。以往的企业管理模式是金字塔式的"火车模式"，即火车要想跑起来，全靠车头带；合伙制管理模式则是"动车模式"，即动车的速度是靠着每节车厢的动力带动起来的。动车比火车跑得快的原因就在于，动车能最大限度地发挥每节车厢的力量，打的是团队战。① 在合伙制管理模式下，企业下放经营决策的权力给合伙人，各业务单元独立决策、自负盈亏，合伙人享有相当的项目收益，因此工作积极性高，能感受自己参与企业经营的喜悦。

---

① 胡八一. 士为知己者死，共创共享共担，才是合伙制经营模式的最高境界［EB/OL］.［2018-05-18］. http://www.sohu.com/a/232347512_100149890.

链接 1-22　一线员工做决策，领导者做投资[①]

在韩都衣舍，以往是企业中高层管理者才有的决策权，现在下放到了一线员工手中。公司最小的前端只有3个人，他们分别来自研发、生产/采购、销售部门。这3个人组织了公司中最小的细胞，但他们的权力一点儿也不小。只要看准了一个项目，比如判定下一季某款女装可能会成为爆款，这个3人小组就能放手去做。韩都衣舍充分调动了员工的主观能动性，员工就算失败了，试错成本也不高。每个小前端可以看作一个产品小组，产品小组全权负责产品设计、生产和品牌运营，责、权、利对等。产品小组的责任在于设定销售目标，对库存、毛利率和产品品质负责，他们同时拥有确定款式、尺码、库存深度、销售价格、是否参与营销活动、参与打折的节奏与深度等。对于每个小前端而言，他们可谓压力巨大。小前端内部有着相当大的决策权，但是每个项目能否持续做下去，能否得到公司后台平台的继续支持，都有赖于"硬指标"考核。由于韩都衣舍对每个产品小组的利益分配模式就是考核销售额、毛利率和库存周转率。因而小组的奖金分配并不是由公司决定的，而是由每个小组的利润决定的。韩都衣舍会定期对300多个小前端按财务指标排名，从而决定为哪些团队持续提供资金支持，对排名高的团队进行资源倾斜。其内部机制鼓励对前端优胜劣汰，以有效保证对效益良好的前端进行资源支持。

海尔提出了"人人都是创客"的概念，以减少中层环节，在内部建立了小微企业，海尔很多创新的品牌与产品都源自内部创客。海尔的平台有两类组织——小微和平台。其目的是实现转型与创新。这些小微组织有了想法之后，便与每个平台组织合作。而每个平台组织，比如生产平台，下

① 朱耘. 平台化组织变革：从"公司+雇员"到"平台+个人"［N］. 中国经营报，2016-11-01 (4).

面设有多个生产小微。海尔实行“人单合一”机制，每个创新小微和转型小微，可凭一定量的客户订单获得平台上其他小微的支持，比如请采购平台小微合理采购零部件，请销售平台小微帮助做产品营销等。小微间的彼此合作，是“市场化”选择的结果，自负盈亏。管理者只是把握公司总体的大方向，协调前端任务，做财务风控。

三、合伙制推动企业激励机制创新

合伙制管理模式是一种重要的激励机制，其本质上是希望综合考虑多种不同生产要素，让不同生产要素的利益主体都拥有所有权。合伙制管理模式在“人人成为经营者、人人分享经营性收益”的理念下，把核心人才发展为执行股东，以最大限度发挥人才财富机制。合伙制是高盛、阿里巴巴等公司最引以为豪的公司架构，正是由于合伙制度的实施，这些全球知名企业才能持续成长。

1. 合伙制是企业成长与人才建设的长效激励机制

> 很多老板赢在战略机会的把握上，却输在与员工共享利益上；很多老板赢在个人超凡的能力上，却输在不能凝聚人才上；老板最重要的能力就是学会找好合伙人，并给团队搭建好分钱激励机制。
>
> ——张诗信（上海奇榕咨询公司创始人/董事长）

企业要做大、做强、做久，实现二次创业，就需要改变以往企业老板一个人承担责任、制定决策、引领发展的局面，需要打造出一支优秀的经营者团队。这支团队要能够共创、共担、共享，要能够支撑平台战略转型与落地，要能够高度认同并传承企业文化，要能够持续激发奋斗激情，要能够保障企业具有应对未来挑战的核心竞争力。同时，合伙人承担了由于业务失误或是公司业绩下滑、业绩虚假带来的全部连带责任。这种沉重的压力使得合伙人更重视产品的质量的控制和风险的把握。

合伙制可以充分发挥有能力的人力资本的力量和潜能，把经营层变成企业家来推动企业的发展。只要机制设计得好，就会有源源不断的人才流入企业，成为企业事业持续发展的后备军，同时，还能把不适合的人踢出去放到适合他的位置上，保障了企业有新鲜血液的流入从而带领企业持续发展。合伙制变资本雇佣人才为资本与人才实现共创、共担、共享，共同推动企业平台的创新与发展。合伙制可以使人资关系更加紧密，人才开发更加充分，内部管理更有效率；可以充分激活核心团队，解放老板。实施合伙制，采用员工持股计划，通过股权激励计划来改善公司治理结构、留住人才，已是大势所趋。“一股独大”的企业很难做大、做强、做久，优秀人才不会甘愿在这样的企业干一辈子，长本事之后就会选择创业。具有创新精神与能力的核心人才，成为企业争夺的最有价值的资源。

链接 1-23　别把自己当老板，未来都是合伙人①

不知你是否感觉到，员工与老板之间始终有化不开的浓浓的“敌对”情绪：老板永远嫌员工做事少、工资要得多；而员工则恰恰相反，认为工作没完没了、薪水少得可怜。员工与老板之间的“敌对”情绪是企业普遍存在的现象。可能你会说，提高工资不就行了嘛。但问题是，今天提高了工资，近期对员工产生了一定的激励作用，可时间长了，员工又会陷入消极情绪。此外，企业提升员工工资的幅度不可能太大，否则企业的压力陡增。所以，最终你会发现：提高工资不能从根本上激励人心。

那么，问题究竟出在哪里？其实很简单，老板习惯于把自己当老板，

① 姜博仁. 新合伙制：移动互联网时代的新型企业组织模式［M］. 北京：人民邮电出版社，2016：33.

习惯于把员工当成“打工仔”。这就让员工觉得我只不过是在为老板打工，于是，做一天和尚撞一天钟，对公司没有归属感，对工作没有满足感，不愿意为公司拼命卖力。

要想改变这种“双输”的局面，最好的办法就是用合伙制代替传统雇佣制，彻底将员工从“受害者”的角色转变到“责任者”的角色，将员工从“打工仔”的角色转变到“合伙人”的角色。在合伙制下，员工与老板是平等合作的关系，老板提供给员工足够大的发展平台，使员工充分自主地发挥自己的聪明才智，为企业创造财富和利润，也为自己创造更高的收入。

2014 年，中国房地产业龙头万科集团召开合伙人创业大会，1 320 位中高层管理人员成为万科集团的首批事业合伙人。万科董事长郁亮在大会上喊出这样一句口号：“职业经理人已死，事业合伙人时代诞生。”不久，新东方董事长俞敏洪自述“我是怎么被‘中国合伙人’的”，又一次引发了关于企业合伙制的热议。

从互联网巨头阿里巴巴到地产界翘楚的万科，从轻巧灵动的创业企业到声名显赫的传统企业，“合伙制”成为管理界的新名词。事实上，“合伙制”是一个极其古老的概念，如果从广义上理解合伙制，那么“刘关张的桃园结义”无疑是一个典范，他们为共同的目标聚集在一起，各有分工，朝着同一目标而努力，这就是合伙制。

在移动互联网时代，创业者可以充分利用合伙制来筹集资金，与创业合伙人并肩作战、共担风雨、共享事业成果。在管理实践中，合伙制也正在逐渐取代传统雇佣制。老板一定要深刻认清一个现实：未来都是合伙人，没有员工，更没有“打工仔”一说。这就要求老板不能把自己当成老板，高高在上，而要以平等的姿态与员工相处，表达出对员工的尊重之情，充分激发员工的工作积极性，这样的企业才会充满生机与活力。

时代在变，企业的组织模式同样也需要变革。雇佣制已经不再适合移动互联网时代的要求，打破传统的雇佣关系、更大限度地发挥人力资源优势、强强联合……合伙制时代已经到来！

2. 合伙人股权激励助推职业经理人、核心员工与企业利益捆绑

“士为知己者死，女为悦己者容”，企业要与员工分享企业发展带来的红利，把公司利益和员工的利益紧紧捆在一起，从“要我干”转变为“我要干”的经营模式。合伙人在收益方面拥有很大的主导权，企业会按照个人能力及贡献度的大小进行利润分配，让优秀人才得到合乎其价值的报酬，这种激励模式更能稳住人才。

实施股权激励机制，是捆绑职业经理人、核心员工的重要措施。股权激励机制可以让员工分享企业成长所带来的收益，增强员工的归属感和认同感，激发员工的积极性和创造性；长期稳定的合伙人队伍将从公司利润中分享利益，所以不会带来薪酬的相互攀比。股权激励机制使员工转变为合伙人，解决了投资者和员工之间的利益分享。

360 创始人周鸿祎曾说过：“我常常跟员工说，我给你发工资，撑破天百万年薪，还有一半都交个人所得税了，所以工资是用于养家糊口的。真的财务自由是指一定要争取拿到合伙人的高级分成，也只有这个层次的收益才能创造真正的富足。”合伙制下，人才和股东身份高度重叠，有利于构成深度的利益和命运共同体，降低公司发展胜败系于一人的风险。合伙制下，人人都是创业者，而非单纯依靠“车头”的动力。企业的关键人才将会越来越认可更公正、民主的合伙制。未来，依靠雇佣制来吸引人才和留住人才，将是一个异常困难的事情。

链接 1-24 万科事业合伙人激励机制创新①

万科的合伙制改革，将公司的业绩、股市的表现、投资的风险与员工切实联系在一起。在项目开发的过程中，项目所在区域公司相关人员必须跟投项目，共享利益、共担风险；而管理者须将年终收入用于购买公司的股票；所有人员的收入不再仅仅靠个人绩效考核来定，而是与公司的收益、项目的收益紧紧捆绑在一起。“风险共担”这一要求对于内部人员的筛选有着直观性的作用。在公司内部“搭便车”、只想收益不想付出、害怕承担风险责任的员工或许会离开平台；而有能力、有担当、对公司真正认可的人才，在改革的过程中一定能够与公司同呼吸、共命运。万科的事业合伙制度已经形成了 EP（EP 为经济利润，是 economic profit 的缩写）奖金、高层持股、中层跟投、基层事件合伙等系列机制，同时仍在迭代优化。万科在将来会继续树立共创、共担、共享的合伙人文化，锻造合伙人队伍，建立适合合伙特点的组织模式，基于合伙思想联动产业伙伴建立文明健康的产业合伙生态，从而为最广大的利益相关方创造更长远的可持续价值。

从激励机制上看，万科的事业合伙制有以下几个层面的创新：

（1）EP 奖金制度，该制度可谓是 EVA（EVA 意为经济增加值，是 economic value added 的缩写）制度的加强版和升级版。万科一直保持着对国有企业治理制度和政策的自觉学习和对标，EP 奖金制度是对中央国资委对中央企业所进行的 EVA 考核制度的继承和创新。EVA 经济增加值是在税后净营运利润基础上减去资本的机会成本，体现了企业最终为股东创造的价值。中央国资委对中央企业的 EVA 考核一般考核社会平均回报率。万科基于其高度自律和追求卓越的要求，提出了 EP 奖金制度。EP 奖金制

① 和君咨询. 时代呼唤合伙人制［EB/OL］. ［2016-08-17］. http://money.163.com/16/0817/11/BULSS2EG002557RH.html.

度是以高出社会平均资本回报率、优先满足股东超额回报的基础来设立基准线的。在该制度下，在实现对股东高额回报之后，余下的增量才作为经营层的激励基础，劣后分享。后来，万科又将这些超额的EP奖金进一步递延化，升级为长期性的激励，并且引入融资杠杆，通过有限合伙平台购入持有万科股票，把EP奖金集合化、递延化升级为高层的集合持股，将经营层与股东的利益进行了更紧密和直接的捆绑。这意味着经营层将更加关注业绩、股价和风险，真实地体现了经营层与股东的风险共同承担、收益优先劣后的关系。

（2）在业务单元层面，万科的事业合伙制还创新实践了项目跟投机制，即以项目为单元要求项目的直接运营层、间接支撑的相关方出资参与项目的投资，进而实现项目的共投、共担和共享。跟投机制是投资类公司里的一种有效实践，而万科的跟投机制在向包括黑石、KKR等资产投资类专业合伙公司学习的基础上突出了自身特色。万科项目跟投不仅是让运营人员成为劣后受益人，在优先满足相关方，满足债权方、股东方的回报之后，才有分享权；而且万科的项目跟投是运营人员用自己的存量进行的投入，更强化了风险的共担。万科通过项目跟投制度，一方面解决了投资的问题；另一方面使项目盈利与员工自身收益密切相关。这样一来，员工在项目获得收益后，可以获得更多的利润分红。项目跟制起到了一种激励的作用，更加激发员工工作的热情。以前，各个部门可能更关注自己部门内的工作，缺乏与其他部门间的合作交流与沟通，而当所有员工的利益与项目收益挂钩后，员工就会更关注项目利润，也会对产品的整体性更加关注，进而带动了部门间的协调性。这样可以提高工作的效率，调动员工的积极性，使公司高层和员工的利益达到统一，加强高层管理人员与一线或者中层员工的沟通交流，使他们为了共同的项目与事业一起奋进。因此，万科的项目跟投制也成为当前很多企业学习、对标的对象。

(3) 万科的事业合伙制是基于目前市场价格的股权展开的，其核心内容只是在帮助合伙人按照目前市场价格获取更多的股权。新注册的壳公司对万科股权的收购，是万科事业合伙制的运作基础，所有合伙人苦心经营企业以实现目前股价和未来股价的价差，才是合伙人激励的基本。此外，投资的交割周期有限，合伙人收益也有杠杆。

(4) 未来，万科合伙制还将逐渐沿着产业链向上下游合作伙伴延伸，让万科产业链上下游的参与者能够参与利益分配和风险共担。他们从承包工程到建设自己投资的工程，质量、效率必然大幅提升，同时他们亦能享受更多的增量收益。

房地产合伙人激励制是针对房地产企业的激励制度，员工通过项目跟投持股等方式变为企业合伙人，将利益趋向目标和企业同步，并将两者的利益紧密且持续地联系在一起。“利益同享、风险共担”，这种激励方式利于房地产企业价值的长期提升，是一种很有效的可持续的激励方式。随着房地产青铜时代的到来，在激烈的竞争中，土地和资金等生产要素已经难以建立绝对优势，而人才的作用和地位在房地产企业转型发展中将日益显著，所以，房地产企业市场将逐步变成管控模式和专业人才的竞争。而对房地产企业来说，在实现对员工的激励的同时，也能够实现企业的绩效成长。因此，房地产合伙人激励制度作为一种有效的，长期的激励方式，逐渐受到房地产企业的青睐，得到越来越多的认同。

传统企业的转型需要资本金投入的项目，万科的项目跟投制度值得深思与借鉴。采取类似万科的合资、跟投制度等，将收益拿出来与人才共享，人才也与企业共担风险，从雇佣关系转变为合伙关系，由雇佣体转变为利益共同体、事业共同体、命运共同体，共同做大公司、分享公司必然成为公司人力资源管理的新趋势。

3. 员工的内部创业激励

内部创业作为一种激励方式，不仅可以满足员工的创业欲望，同时也能激发企业内部的活力，改善内部分配机制，是一种员工和企业双赢的管理制度。实施合伙制经营模式，就是要采用红利分配与内部资本的双重奖励制度，以有效激励内部创业行为。该模式赋予创业团队行动自由，但同时要求他们对核算成果负责。在该模式下，对于创业成功的奖励，除给予升迁选择外，还设计了分享成果红利，以及给予可供自由支配的内部资本作为额外的奖励。只有当人才参与公司的经营决策、融入创业合伙团队时，他们才能找到真正的归属感。曾有一位小米员工对加班表达了这样的看法："如果你找一份工作，天天加班当然是不行的，但如果是创业就不同了。创业是一种生活方式，你在为自己而活。"

链接 1-25　合伙人：变"给公司打工"为"给自己打工"①

可能有人会说："既然员工没干劲，那提高工资不就行了吗?"可问题是，假如一家企业有 1 000 名员工，每人每月增加工资 200 元，这家企业一年就要增加 240 万元的薪水开支。而事实上，薪水增加 200 元对员工的激励作用是极小的，效果也是很短暂的——一段时间，员工的工作积极性便会降下来。也许有人会说："我们公司不缺钱，在待遇方面可以多次提升。"可问题是，这样能从根本上解决问题吗？能撕去员工给自己贴上的"打工仔"的标签吗？在传统雇佣制的企业中，你想让员工没有"打工仔"的心态是不太可能的，因为员工本质上就是在为公司打工、为老板赚钱。要想彻底消除员工的"打工"心态，最好的办法是用合伙制代替雇佣制，让优秀的员工成为公司的合伙人，建立公司的合伙人晋升通道，让员工从

---

① 姜博仁. 新合伙制：移动互联网时代的新型企业组织模式［M］. 北京：人民邮电出版社，2016：35.

“给公司打工”变为“给自己打工”，这样员工才会充分发挥工作的主动性、积极性。合伙制可以给人拥有感，凝聚合作伙伴。这个拥有感不只是法律意义上的拥有概念——共享资本、财产、分红等，还包括了参与经营、决策，在企业内部为人才创造创业的条件，变“给公司打工”为“给自己打工”。

四、合作制推动商业模式创新

合伙制经营模式下，企业越来越具有生态战略观，平台成为产业运营的核心，以平台为核心的产业生态在一定程度上取代了以超级企业为核心的产业集群。在此基础上，社会化、开放化的大规模协作分工补充、完善甚至替代了传统的分工合作。在平台上，资本、企业家和员工的关系也出现了重大变革，出现了一批自雇佣、自组织、动态聚散的自由连接体。企业平台通过不断吸引新项目，将项目跟投扩大化，将产业链上下游也变成合作伙伴，建立了企业平台生态系统。如果产品供应商也成为企业合伙人，偷工减料的问题就能从根源上杜绝，产品质量得以保证。这相当于将产业链的利益相关者也发展为企业合伙人。

合伙制商业模式创新的背后源于新商业文明秩序的重构，责任、担当、合作、领导力、坚守，是新商业文明的核心内涵。合伙制经营模式的背后正是新商业文明秩序的重构。新商业文明需要更高、更明确、更远大的目标，最大限度地激发每一位员工的潜力。枯燥重复性的工作迟早会被更具挑战性的、可以提升个人和企业价值的工作所替代。企业家抛弃了原来的短视行为，不再简单地追求短期盈利与股东当期回报，更多地关注与社会、顾客、员工和环境的关系。

第二章　合伙制助推现代商贸服务企业管理改革

第一节　现代商贸服务企业发展的瓶颈

传统的商贸服务业主要指商务部门主管的、与企业商务贸易活动以及老百姓的生活密切相关的批发业、零售业、住宿业、餐饮业、租赁业、商务服务业、居民服务业以及物流业、典当业、拍卖业和部分娱乐业等其他服务业。随着商贸服务业的现代化推进，技术与业态的不断创新，以及制造业与服务业的深度融合，现代商贸服务业的具体产业内涵应包括一切实物贸易和商业服务贸易活动及其组织，即现代交通运输业、现代零售业、现代服务餐饮业、住宿业、现代物流业（包括第三方物流和第四方物流）、中高级批发市场、电子商务业、租赁业、拍卖业、典当业、旧货业、商业服务业、会展业、商业信息业、商业咨询业，以及各类生产企业的分销渠道组织。

经过多年的经济高速增长，我国商贸服务企业积累了不少问题，一些矛盾也越来越突出，如国企改革、管理粗放、经营模式落后、经营管理人才缺乏，创新不足等问题。

一、国企改革问题

国有企业决策机制灵活性不高，某些国企存在权、责、利不匹配，内部管理不规范，管控权缺乏制约，监督不到位等问题，很难真正激发员工的“二次创业”热情，不能发挥员工的创造性。业务单元与公司服务后台之间的矛盾难以解决，后台服务部门往往难节制、难考核。继续深化国企改革，可以发挥企业中各类人才的积极性、主动性、创造性，激发各类要素活力，这是实现国有资产保值、增值的重要途径。

链接 2-1　广物汽贸的“合伙人计划”助推混改①

广东省广物控股集团有限公司（简称“广物控股集团”）是国家重点培育的全国 20 家流通领域大集团之一。广物控股集团旗下的广物汽贸通过实施“合伙人计划”机制探索改革新方案。广物汽贸以员工持股为核心，展开了以激活下属公司为目的的中长期激励计划——“合伙人计划”。该计划是建立在虚拟股权激励基础上的模拟合伙制，其目的是实现企业与管理人员之间的利益共享、风险共担。在权益机制设计上，虚拟合伙人享有企业的部分决策权、增值权和分红权，不实际拥有公司股份。“合伙人计划”有助于实现参与的子公司从国有独资到多元股权企业的转变，推动企业形成灵活高效的市场化经营机制，提高国有资本配置和运行效率。

二、管理粗放问题

我国商贸服务企业目前多为粗放式管理，重规模、轻效益，经营成本

① 袁佩如. 广物汽贸“合伙人计划”启动 广物控股持续发力混改亮点多［EB/OL］.［2017-09-15］. http://static.nfapp.southcn.com/content/201709/15/c677496.html.

高，不愿分享收益。在商贸服务领域，企业热衷于“大鱼吃小鱼”式的并购，但这些并购往往沦为“烫手的山芋”，存在较大的投资风险与整合风险，无助于经营模式创新与产业升级，甚至会使企业陷入融资难的窘境。成功的企业多是通过资本、市场资源、供应链业务资源之间的合作实现的。该方法一方面可以让各方相互取长补短、各自保持着相对独立的决策权、经营权与业务交流；另一方面也可以降低企业由于并购带来的潜在危险，实现双赢。

我国商贸服务企业还呈现商贸服务企业人工房租等经营成本偏高、利润率低的趋势。连锁网点一般都是租赁物业，而物业租赁成本很高。作为劳动密集型的商贸服务业正面临人力成本攀升的问题。例如，大型零售企业杭州联华华商集团的人工费用约占总成本的一半，房屋租赁费用接近总成本的二成，这两项成本就超过总成本的三分之二。随着人工房租等经营成本的不断增长，商贸服务企业的利润率不断下滑。以零售企业为例，国外大型零售企业纯利润率在3%以上，而我国零售企业纯利润率平均只有1%左右。2011 年，在我国零售百强企业中，外资企业平均纯利润率有3. 75%，而内资企业只有 1. 2%。

商贸服务企业的一线员工所占比重较大，由于企业主不愿分享收益，故在一线员工的激励上存在诸多问题。因激励机制缺失带来的员工工作满意度低、流动频繁的问题亟待解决。在激烈竞争的环境下，解决一线员工流动性问题是企业做大做强的必经之路。在世界经济一体化发展的程度越来越高的今天，市场竞争越来越激烈。企业管理的核心是最大限度地发挥人的主观能动性和创造性，实现产品创新，降低成本消耗。

链接 2-2　商业连锁企业的困境

商业连锁企业老板，您有以下困惑吗？

①督导、店长、导购抱着打工的心态，对企业长期发展并不关心；

②店员工作有能力，可忠诚度和执行力总觉得差了那么一截；

③老板累得心力交瘁，事无巨细都要亲力亲为，不得解放；

④经营目标定得很完美，落实到月、周、日时，总是不达标；

⑤单店销量原地踏步，不断增加推广却收效几微；

⑥门店成本持续上涨，利润增长却不尽人意；

⑦连锁赢利模式解决了“怎么干”的问题，可是没有解决“为谁干”的问题。

不解决员工“干”的动力源泉的问题，上述问题会必然出现，连锁企业扩张后劲乏力。

三、职业经理人制度存在局限性

在雇佣制管理模式下，职业经理人与员工总会有一种给人打工的潜意识，即使企业给付的薪酬很高、对员工很好，但是员工依然推卸推诿。雇佣制下，股东与职业经理人、员工永远是雇佣关系，职业经理人、员工总是打工心态。依靠职业道德、职业精神、传统的激励机制无法激发人的潜能、转变人的状态。

新经济与新技术给了无数人才创业成功的机会，这些创业企业颠覆了传统企业。这种颠覆与被颠覆近乎形成恶性循环：企业中有能力、有梦想的人，不愿受制于雇佣制，纷纷创业；企业中无担当的人才，大部门人在雇佣制下本着职业精神做好本职工作，但并不会关心整体；员工找到了行业的痛点，出走创业，侵蚀和颠覆原来从事的行业。雇佣制固化了公司的管理机制，束缚了人才的发展，成了这个恶性循环的加速器。

改变员工的职业经理人身份，从雇佣与被雇佣的劳资关系转变为共同创业的合伙关系成为在新时代背景下管理学的新课题。公司变成事业平台，给人才提供更好的机会与资源。企业领导者应让人才变身为合伙人，让人才借助公司的平台创业，实现人才的人生价值与创富梦想，彻底激发公司的人才价值，而更多人才的创业共同铸就一个生态型的平台企业。

四、经营模式相对落后

目前，我国零售企业采取的经营方式以联营、保底、扣点等为主。零售行业存在零供关系紧张，同业竞争不规范等。零售企业通常会将摊位出租给品牌商，做“二房东”收取通道费。在此模式下，零售企业并不参与购、销、调、存的商业管理，自废“武功”，逐渐成了“物业管理”。商品定价权和市场也不在零售企业手中，而是被品牌商控制。另外，大量流动资金投资于物业租赁，加剧了企业经营资本的匮乏。在片面追求规模的引导下，零售企业出现发展质量不高、发展结构失衡、低水平重复投资等问题，这些问题已成为限制零售业发展的瓶颈。

五、人才瓶颈问题

社会发展进入21世纪之后，经济发展的主导资源就开始发生转移。不再是资本，而是知识信息。一个企业如果拥有创造性人才，就会在相对较短的时期内，实现一种快速发展，积累充分多的物质财富。企业存在和发展不再主要依赖于资本，而是依赖于载负知识信息和聪明才智的人力资源。同时，整个流通市场的全球一体化步伐加快，全球化的市场竞争加剧，这就使企业的发展普遍感到缺乏人才，从而使人才成为企业发展的一大瓶颈。全球化的资本过剩，使资本不再成为瓶颈资源。企业对人才的依赖越来越大，人才也显得越来越稀缺，越来越成为企业发展的瓶颈。商贸服务业绝大多数属于劳动密集型，都面临“招工难”问题，人工费用约占总成本的一半，因而人力资源和人才潜质的开发尤为重要。目前，商贸服务业陷入招人难、管人难、育人难和留人难的怪圈，如图 2-1 所示。

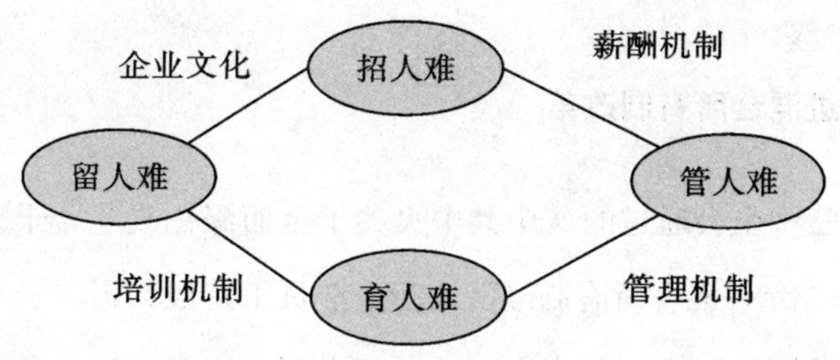

图 2-1　商贸服务业的人才怪圈

链接 2-3　人才困惑

A 公司做了不少门店改造、商品项目，但时间不长又恢复原样。

A 公司试过股权激励，结果出现了一批“大爷”，自己不好好干活还影响其他员工。

员工执行力不强，一大堆制度束之高阁。A 公司做过一套完善的绩效考核制度，可执行不下去，结果是不了了之。A 公司员工的职业素养不高，管理层制定再好的流程（例如价格带、补货流程），员工却在看有什么漏洞可钻。A 公司一切的技能培训与改革在员工看来都只是意味着加班。

A 公司老板很勤奋地学习专业知识，变得比员工还专业，员工怎么也跟不上趟。因为提成制、计件制都是“为公司干”，没人会真正关心浪费的问题。A 公司开新店，店长也入了股，可效果不好。

第二节 合伙制与现代商贸服务企业改革

一、促进混合所有制改革

十八届三中全会通过的《中共中央关于全面深化改革若干重大问题的决定》提出“允许混合所有制经济实行企业员工持股，形成资本所有者和劳动者利益共同体”后，从央企到地方国企逐步展开了混合所有制改革进程。合伙制对我国企业混合所有制改革提供了较好的经验与借鉴。合伙制模式能够确保经营性人力资本的自主经营权、劣后分享权和长期合约权，防止物质资本对经营性人力资本三权的过度干预，避免因“道德风险”和“逆向选择”带来的企业价值折损风险。

合伙制灵活多样的出资形式以及股权投资的广阔空间，能够极大地调动民间资本的积极性。公司融资需求可通过内部合伙人体系解决。在合伙制管理模式下，企业决策者能够更有效地管理市值和巩固控制权，更有利于推动企业的上市进程。

链接 2-4 浙江物产集团与王府井集团的混改

（一）浙江物产集团的“二次混改”①

2015 年，浙江物产集团已经完成了混合所有制改革，让经营层、骨干员工持股，激励经营层、员工从自身和全局利益角度去关注企业的经营绩效和风险，为取得自身长期利益和企业长远利益最大化而努力工作。目前，浙江物产集团提出了“全员创新、合伙创业”的新思路，开启“二次

① 曾杨希. 物产中大集团将开启“二次混改”[EB/OL]. [2016-08-31]. http://zjnews.zjol.com.cn/gdxw/ycxw_zxtf/201608/t20160813_1844387.shtml.

混改”新里程。“二次混改”主体内容涵盖了人才机制、投资主体股权多元化以及相关公司股权结构动态调整等方面。

浙江物产集团混改的1.0版是人人持股，后来的2.0版是骨干持股，3.0版为动态股权。“二次混改”要求改变原有的股权结构，不出力的股东不再坐享其成，真正出力的骨干持股增加，新的股权结构不再是一成不变，而是随着企业发展和价值贡献而动态变化。物产电商公司是“二次混改”中的成员企业之一，该公司在第一阶段对本级10%的股份进行股改，以自有资金和集团混改基金1∶2配比形式，由公司中层骨干以上员工入股，让所有者、经营管理和生产者通过适当形式参与企业经营管理。在第二阶段，物产电商公司拟在下属公司推行二次改革，形成“国有资本+团队合伙企业+生态合作伙伴”的股权结构，目前公司旗下物产企事通合资公司已试行该模式。第三阶段是建立核心员工跟投创新业务平台，并逐步在公司各领域落地，建立捆绑核心员工利益和企业利益的跟投制度，提升公司持续长久发展的核心驱动力。

（二）王府井集团引入事业合伙制①

王府井集团逐渐裂变为百货、购物中心、奥特莱斯、电商四大板块，原有的管理结构亦在新的业务体系下急剧转变。作为“国资队”商业企业，为了让企业更有活力，王府井决定引入事业合伙制，让管理层持有股份。过去，王府井百货集团的组织架构主要由股东大会、董事会、监事会、董事会办公室、总裁以及总裁下属的各分部和各地区门店构成。按照计划，王府井的新模式将给予各业务板块管理层更多的管理权和决策权。同时，分散在全国28个城市的47家门店还将实现运营管理区域化，各个门店将按区域划分形成区域公司分管门店。从原有业务单元拆分出的王府

① 王志灵. 王府井再提转型：业态改革与合伙人制度并行［N］. 21世纪经济报道，2015-09-30（3）.

井购物中心商业管理公司，实现了管理层参股的事业合伙制管理。未来，王府井新开发的购物中心项目不仅将半数采用委托管理，还在激励机制上有所改变，可以自愿跟投新项目。此次改革后，独立公司将自负盈亏，部分项目可自愿跟投，王府井将对合伙人以及各个业务子公司核心团队适时进行股权激励，并对旗下业务子公司进行股权多元化改造。职业经理人变为实业合伙人，管理层与公司利益捆绑实际更容易激发经营势气。

二、承接双创战略，推动和保障实体经济可持续健康发展

在传统经营模式下，物质资本可能抑制人力资本发展，影响企业的可持续健康发展，而合伙人内部创业制度能很好地规避这一问题。企业通过合伙制管理实现内部“双创”，能够激活企业内生创业创新动力与活力，这也是落实国家创新创业“双创”战略的表现。在“大众创业、万众创新”背景下，未来的组织是一个合伙人的平台，许多有共同价值观、使命感的人为了一个共同事业走到一起。在创新活力较强的产业领域，合伙人近乎成为标配。例如，电商企业和知识密集型企业，合伙制管理除了通过一定的股权和分红权来绑定人才，更重要的是为企业找到志同道合共同奋斗的人。Berle 和 Means 通过对美国公司的调研后发现，现代企业的两权分离机制很难确保管理者的成功经营，价值观的认同和主人翁的精神是不可替代的。

三、企业发展的动力机制改革

新经济时代的变化越来越快，没有人能无所不能，合伙制管理将公司由一个“火车头拉着火车跑”的模式，升级为了“动车组”模式（每个车厢都有一个发动机和驱动力）。企业不断做大做强需要有一个强大稳健的、足够有想象力的架构体系做支撑，生态型的合伙制无疑是最佳的

选择。

合伙制管理的目标是构建企业与人才的“利益共同体、命运共同体”，帮助企业实现可持续发展。在合伙制管理模式下，企业利益、员工利益、外部合作方利益绑定在一起，鼓励员工在内部创新创业，促使外部合作方更长久地与公司共进退，所有的业务相关人士都可以助力企业前进，所有人都参与其中。

员工和合作方自动转换自己的角色定位，从被动的打工者心态、局外人的心态升级为主动的主人翁心态，真正实现“利益共同体”到“事业共同体”再到“命运共同体”的转变。

链接 2-5　合伙制度将是驱动零售业连锁门店转型升级的必由之路[①]

1. 打造创业平台，转变员工身份，发挥合伙人才能成为连锁门店类企业的必然趋势

在经济新常态、新技术的冲击下，连锁门店过去的打法和管理模式慢慢的失效。对于拥有一定规模且力图发展的企业，转型升级成为必走之路，从产品迭代到经营升级再到打造“生态化”的企业是转型的根本之道。驱动企业转型过程中，最为重要的因素是人才。为了实现快速转型和业绩提升，越来越多的连锁企业以打造创业平台，吸纳核心员工成为“合伙人”，通过核心员工身份的转变，充分发挥人才的积极性，驱动业绩达成，实现可持续发展。

2. 打造企业内部的市场化运作与门店的独立化运营正在成为连锁门店类企业的扩张途径

基于连锁门店分散的特点，总部对连锁门店的控制力度并不强，连锁

---

① 佚名. 连锁门店类企业合伙人机制深度解析［EB/OL］.［2018-01-18］. http://www.sohu.com/a/217549676_680621.

门店的管理将要更多依赖店长管理和机制化驱动。门店将不再有统一的业务层面的标准和流程，独立化运营将成新的常态。通过让员工走向市场，鼓励内部竞争，让市场倒逼门店创新发展，从而激发合伙人及员工活力，推动连锁门店的扩张。

3. 实现战略人才与门店的“共创、共担、共享”是连锁门店类合伙制管理的核心目标

通过实行“合伙制管理”激发人的潜能、转变人的状态。企业中有能力、有梦想的人，有担当的人才，在原有雇佣制下本着职业精神做好本职工作，但并不会关心“经营和发展”。合伙制，让人才从打工变成合伙，共创事业、共享利益、共担风险，让有梦想的人有发挥的平台、让无担当的人必须转型，彻底激发公司的人才价值。

四、强化人力资本价值，助推价值分配制度改革

> 我们需要公司里有更多的人，不是来打工，而是真正能够把企业看成自己的事业。希望一些中高层管理人员，包括业务骨干，逐渐成为合伙人。即使成不了360的创始合伙人，也可能成为不了360集团的事业合伙人，但可以成为360旗下业务的创始合伙人，一样可以拥有旗下公司的股份。我将从个人股权中拿出10%，用来寻找合伙人。
>
> ——周鸿伟（360公司董事长）

随着知识经济的崛起，人才成为企业最有价值的资本。企业该用什么样的工具和制度把人才留住并形成生产力？这个机制就是合伙制。合伙制有利于人力资本产权价值归位，强化人力资本产权性收益分享化、泛众化，进一步均衡整体收入分配结构，更宽泛地提升中产人群数量，推动从

经理人社会到合伙人社会的转型。合伙制下，资本、员工之间的利益分配更公平，员工对企业利润的分享，能更好地满足员工对财富自由的追求，在企业平台进行创业做“二老板”，成为既是经理人又是财富拥有者的合伙人。外部合伙制管理改善了零售商与供应商的矛盾，使得零供双方共同关注成本和销售。

链接2-6　知识资本化

任正非从1987年创办华为到现在，没有引入任何外部资本。目前，华为有约16万名员工，研发人员占了近一半，其他人绝大多数也都是知识工作者。华为是一个典型的知识密集型企业。华为在创业的早期就推行了员工持股计划，目前有近8万人持有公司股票，任正非持有公司1.4%股份，其余股份全部由员工持有，没有任何外部股东。符合绩效条件的员工每年按照经过审计的每股净资产购入公司股票，每年享受分红。高科技行业需要大家一起进行利益分享，员工持股就是知识资本化，让员工分享企业的利益。正是因为员工持股，才使华为团结了这么多的人。股权激励的核心是利润分享权，在企业实践中，也有公司提供部分利润分享权给员工，认为这也是合伙制度的一种形式。例如永辉超市的合伙制度本质上是和员工分享自己所在门店的超额利润，通过利益捆绑起到了很好的激励效果。

五、企业组织生态变革

随着人才在生产要素中的地位越来越高，合伙制已经成为企业组织生态变革的一个重要方向。在合伙制下，资本雇用劳动更多变为资本与劳动的合作；单纯的雇员变为兼具股东身份，打工仔变为合伙人，资本与雇员更多地融合。由于股权结构优化，股东之间的权力相对更均衡，雇员话语权更大，管理架构扁平化更普遍（比如互联网企业更为明显），分权成为常态。雇员之间更多体现为合伙、相对平等，而非传统的上下级等级关系，官僚主义空间会变得更小，内部的监督更有力，部门之间的利益竞争会变小。

链接 2-7　重建组织生态[①]

以不断拓展门店的方式实现企业扩张的连锁企业，常常面临人才缺乏的窘境。尤其在企业快速成长时期，新门店扩张速度很快，但是公司没有足够的人才和资金支撑，而此时，很多企业鼓励员工利用企业资源自主创业，还会为员工提供一定的金融支持，以入股的方式为员工提供创业资金。这种方式最容易实现企业与员工双赢，也非常适用于不断规模扩张的连锁企业。

分级合伙人的理念可以实现员工激励，目前主要包括展店合伙人计划和合伙人晋级计划两个部分。前者是企业通过提供一定的股权和分红，鼓励有能力的老员工参与新门店建设；如果有员工想要自己开店，企业同样为其提供多项帮扶措施，帮助其开店；对于新开的门店，企业拥有绝对控股比例，创业员工拥有小部分股份，双方合伙经营。后者针对现有合伙人设计，如果现有合伙人的经营业绩出色，达到一定要求，就可以向企业申请晋级，将手中持有的部分股权额度晋级为区域公司甚至公司总部的股权。如果企业上市，合伙人就可以转入“总部合伙人计划”，晋级为总部合伙人。

现在，越来越多的合伙人以达成事业目标为纽带，更加紧密的合作。从某种意义上说，事业合伙人可以被看作一种分享机制，合伙人带来的是资源、才华、资金等，也一起分享团队创造的成果。同时，有了合伙人的加入，企业能够得到更快速的发展。不管是开拓了新的市场，提升了销售

---

① 佚名．中国合伙人大会：合伙人模式，下一个老板就是你［EB/OL］．［2016-09-02］．https://www.sohu.com/a/113333596_216213.

业绩，还是创新原有的产品研发，合伙人的到来都是为了实现“1+1>2”的聚合效应。如今的零售业正处在风云变幻的转型时期，各方面资源难以支撑企业的稳定的增长，企业内部也缺乏持续前进的动力，而合伙人的到来会打破原有的节奏，为企业带来新的活力。

第三章 现代商贸服务企业合伙制治理创新与典型案例

第一节 合伙制治理创新分析

一、协调了董事会和股东大会之间的矛盾

在以董事会为中心的公司治理模式下，谁能够取得董事的提名和任命权，安排代言人进入董事会，谁就实际控制了企业。传统的治理机制下，董事会成员一般是由大股东决定的，中小投资者在企业董事会成员的选举中没有实际的话语权。如果企业合伙人团队是那些对企业最有感情的创始人、传承着企业优秀文化的管理者或技术精英，则合伙制度将获得众多小股东的青睐。因此，合伙制将有效缓解中小股东对董事会各项决策的担忧，进而协调了董事会和中小股东之间的矛盾。

当然，合伙制管理不是对公司股东大会与董事会治理机制的替代，而是丰富和完善了它们的内容。一般情况下，合伙人会议的内容不涉及日常经营和治理，只是基于共同的目标和价值观，议定重大决策及实施理念。

因此，合伙人会议更有点像党委会，股东大会、董事会会、各种经营会议仍然是各司其职。有时，合伙制更多地是通过对人的安排来影响公司治理和经营管理。例如，有些企业合伙人享有关键人事决策的提名权，但正常的人事任免程序仍须按照公司的治理机制和管理机制进行。

链接 3-1　阿里巴巴的合伙人治理模式

阿里巴巴的合伙人治理模式是建立在平等合作基础之上的，合伙人与其他股东和董事会之间通过合作解决问题。合伙人是企业运营者、业务建设者、文化传承者以及股东，成为合伙人的标准是在阿里巴巴工作 5 年以上，具备优秀领导能力，愿意为企业文化和使命竭力贡献。合伙人制度使管理权和决策权回归企业核心高管，保护企业与股东的长期利益，同时，合伙人与董事会共同决定公司的重大决策，彼此之间相互信任。他们的良好沟通和协作能保证机制的有效运行。合伙人不设定固定人数并且每年都会接纳新的合作者，激发了管理层的工作热情，达到了资源共享和利益共享，促进了治理机制的健康发展。

二、创业团队强化了实际控制权

合伙制最直接的作用就是能够强化并巩固创始人对企业的实际控制权。合伙制虽然给予管理者及员工话语权，但从实际运作看，合伙制的实施通常都是由企业创始人提出的，合伙人的构成主要由创始人把关。因此，合伙制度的运作核心依然是创始人，创始人通过合伙制度来吸纳对企业有突出贡献及符合企业文化的管理人员和员工，并通过他们增强自身的话语权，从而应对股权流失的问题。为降低敌意收购风险，有些企业通过合伙制运作，将实际控制权与股权有效隔离。在这种情况下，敌意收购者即使获得多数股权，也不能有效控制公司或者更换管理层。因此，合伙制管理模式下，公司对敌意收购者的吸引力降低，使得合伙人团队牢固而又稳定地掌握着公司控制权，构建起极强的反收购防御体系。同时，管理层不必采取任何抵御敌意收购的短视行为，可以专注于其长期战略目标，进而实现公司的可持续发展。

三、释放经营决策权

在合伙制管理实践中，一些企业的经营决策权扩展到合作网络上的合伙人。合伙制让每一个独立经营体有了自主性，不再是纯粹的员工身份，而是一个自主经营体。企在形成自主经营体之后，应尽量将决策权交给经营一线。比如永辉做生鲜订货，多了容易坏，少了容易缺货，总部决策又远离市场，与一线采购有一定的协同障碍。企业形成合伙人团队后，让他们承担自主经营责任，使其决策更接近市场一线。以温氏的养殖场为例，如果温氏集团派员工去管理，那么管理成本非常大，而且员工的责任心和工作稳定性都难以保证。若温氏集团采用合伙机制，即便养殖户在地域上十分分散，但是由于这些养殖户会尽心尽力去工作，故而减少了管理成本，且提高了效率。

链接 3-2　酷铺商贸的经营者身份由被管理者转为合作者

经营者身份由被管理者转为合伙者是酷铺商贸合伙人计划的核心，即经营者对其门店商品在商品采购、营销活动、招商管理、人事管理等方面有了充分的经营自主权。该计划立足于从经营利益的角度不断提出管理变革需求，倒逼旗下传统零售企业的管理型总部向服务型总部转变，有利于改善门店管理流程、提高决策效率，进一步提高运营效率、逐步下降运营成本，推动超市实体店的经营管理水平提升。合伙人计划给经营者充分放权，经营者是否优秀对未来门店的发展良好与否至关重要。对此，酷铺商贸推出一系列合伙人培训课程，在选拔、招募适应公司业务发展需要、具备门店经营管理基本能力素质的合伙人的基础上，通过对其进行企业文化、管理运营、业务技能等课程培训，使其逐步成为合格的合伙人。例如：酷铺商贸的新洲店于2017年8月份实行合伙经营，实现从被管理者向主人翁角色的转变。新洲店店长侯志兴提出了门店团队合伙制，将合伙经营保证金分为100股，店长占股40%，剩余60%由门店员工认购，全员共同持有门店股份。同时，2017年9月起，酷铺商贸实行水产承包制，由门店"老板们"自主挑选水产品项，亲自检验水产质量，实现水产品损耗率接近于零，销售额大幅提升，由8月份的17 000元上涨至9月份的45 000元。

四、拓展了企业家资源与创新机会

企业家资源和创新机会是稀缺的，如果一个企业想不断扩张，其最大的瓶颈为企业家资源和创新机会。如果企业家资源和创新机会都要从内部产生，是非常有限的，那么公司可以以公司平台为基础，通过投资、合作等机制，整合以全社会为范围的企业家资源和创新机会，并且这些资源和机会还经过了市场竞争的筛选。比如阿里巴巴通过对蚂蚁金服、菜鸟物流、银泰百货等投资，扩张了自己的业务版图和模式重构，撬动了外部的企业家资源和创新机会。

链接3-3　安家万邦

安家万邦是为社区运营提供服务整合的平台型企业，顺应经济发展浪潮，以合伙制管理为内核建设创新创业孵化平台（即合伙人平台）。安家万邦通过合伙人模式为行业人才提供更好的生存发展环境，同时也依托人才荟萃的合伙人团队为公司客户提供更多元、更精准、更优质的项目服务。安家万邦除场地设施、行政人事、财税法务等常见创业支持外，还向合伙人分享公司的品牌、业务、运营、场地和资金，让合伙人利用安家的资源和能量实现盈利、实现创业梦想。同时，安家万邦也将与合伙人群体共生共长，形成庞大的商业生态闭环。

五、风险投资机构的监督作用得以强化

文献研究表明，机构投资者在投资后会积极参与被投资企业的公司治理，并通过加强对被投资企业的各项监督去保证和提高自身的收益水平。一般情况下，企业实施合伙制后，公司中部分大股东的话语权必然会受到一定程度地削弱。从电商等新兴经济领域的企业股权结构来看，风险投资机构通常是持有大量股权的大股东。在这样的现实情况下，只有少量话语权的风险投资机构将如何保证自身的利益，成了其面临的关键问题。因看好这些企业的长期收益，风险投资者并不会考虑退出。因此，加强监督成了其唯一能够采取的风险控制手段。这些风险投资机构的有效监督会促使企业的各项操作流程更为规范，各项决策更有理有据，最终提升企业的公司治理水平。

六、文化纽带作用得以凸显

合伙制的特点是人力资本驱动物质资本，每个合伙人都能独立自主地驱动业务，在组织与管理上也是高授权、扁平化。因此，要靠很强的文化纽带来实现彼此连接。合伙制改革的前提是建立合伙文化纽带。要成为合伙人，就要有合伙人的标准、合伙人的工作作风，当然也会有合伙人的利益机制。比如永辉、农村淘宝的合伙人计划，赋予这些合伙人的不仅是激励，也是一种身份、文化符号，一种当家做主人的事业状态和工作状态。

七、实现了扁平化管理

商贸服务业进入互联网时代，客户需求快速变化，组织结构应迅速调整自身模式以适应环境变化，如加速投放新的产品、迅速回应顾客需要等。金字塔结构、科层制管理下，许多企业组织结构过于臃肿复杂，难以对急剧变化的市场做出迅速的反映。

合伙制能淡化科层权力控制模式，实施多层次的、扁平化的权力分散模式，让每一个大脑“自由的思考”，不受权力束缚，然后将众智慧集合在一起快速地满足客户需求。

第二节　阿里巴巴集团案例①

下一轮竞争，不是人才竞争，而是合伙制度的竞争。

——马云（阿里巴巴董事局主席）

一、阿里巴巴案例介绍

（一）阿里巴巴合伙人管理制度

阿里巴巴“事业合伙制度”的实质内容就是“阿里巴巴集团上市后，阿里巴巴合伙人有权提名阿里巴巴过半数董事”，如图 3-1 所示。关于合伙人的规定：“马云和蔡崇信为永久合伙人，其余合伙人在离开阿里巴巴或关联公司时，其合伙人职位同时终止。在作为合伙人期间，每个合伙人都必须持有一定比例的公司股份。”其真正的实质就是“永远不会让资本

① 王冠雄. 阿里巴巴合伙人制大剖析［EB/OL］.［2017-01-07］. http://www.sohu.com/a/123684904_498916；骆小浩. 上市公司控制权安排研究［D］. 广州：暨南大学，2015.

控制企业”。“合伙人”这一公司治理机制，能够使公司核心高管拥有较大的战略决策权，减少资本市场短期波动的影响，从而确保客户、公司以及所有股东的长期利益。同时，管理层并不是谋求对企业的控制权，而是因为文化对于企业，尤其是互联网企业所具有的重要作用，故要保持并发扬阿里文化。

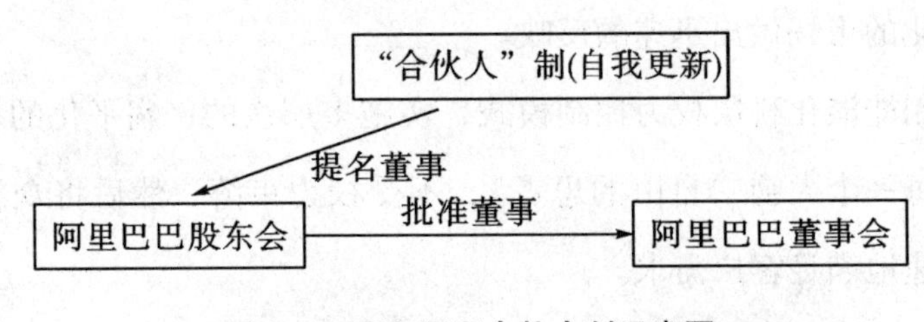

图 3-1　阿里巴巴合伙人制示意图

阿里巴巴从 2010 年开始试水合伙人制度。其基本内容是在公司章程中设置的提名董事人选的特殊条款：由一批被称作合伙人的人，来提名董事会中的大多数董事人选，而不是按照持有股份比例分配董事提名权（合伙制的法律规定）。需要注意的是，阿里巴巴所称的合伙人权责是有限的，他们并不能直接任命董事，所提名的董事，仍须经过股东会投票通过才获任命，如果股东会不通过，合伙人可以一直提名。合伙人的更新来自自我更新，推选新的合伙人需得到所有合伙人 75%的投票支持，而罢免合伙人则需要得到所有合伙人 51%的投票支持。合伙制的对象是一个动态的实体，每年都会补充新成员；一般为高度认同公司文化、加入公司至少 5 年的特定人士，主要指资深高管。其模式是成立一个合伙人团体，该团队拥有董事会成员的提名权。由于该模式成功地分离了所有权和控制权，从而使得控制权不会因为股权的减少而落入他人手中。

阿里巴巴的合伙制更多地是治理结构层面的制度安排。其最核心的特征是“同股不同权”。这里的“不同权”指的是董事会的人事权，是通过合伙人治理机制与平台（合伙人委员会），来使公司的创始人和核心经营层掌握治理层的人事权，从而保证对公司的有效控制。阿里巴巴的合伙人委员会享有三项权利：合伙人拥有董事会半数以上（5席）董事的提名权，包括被否决时的重新提名权；合伙人拥有任命临时董事的权利；合伙人拥有提名、推荐、选举、认定合伙人的权利。马云及阿里巴巴管理层持股比例远小于软银及雅虎，但通过三方面的控制，阿里巴巴的控制权得到有效实现。这三方面的控制是：对股东会重要事项的决定性影响；对董事会的控制；对经营管理权的控制（合伙人成员基本为集团及其核心子公司的经营管理人员）。

（二）合伙人情况

阿里巴巴合伙人数量较多，没有上限且不断变化，那么合伙人之间的关系应当如何处理？如何共同提升？合伙人与其他股东的关系又怎么去处理？上述问题已通过下列措施得到解决：

首先，合伙人委员会审核候选人，确保候选人的利益取向；候选人由现任合伙人推荐，扩大人才发掘途径；合伙人不设人数上限，打通重要员工的上升通道。

其次，公司新的合伙人需获得超过75%的同意票，避免新合伙人带来的矛盾；合伙人选举为一人一票制度，合伙人之间权利平等。相对于双重股权结构下公司创始人及其管理团队享有公司超级大的投票权但是人数较少，阿里巴巴合伙人制度参与决策的合伙人数量较多，有利于形成集体决策、克服个人或者少数人决策带来的弊端，从而为公司做出更明智的决定。

最后，合伙人利益与公司利益绑定。合伙人的任职条件要求合伙人有一定的持股比例，并对合伙人的持股及转股有限制与要求。

二、阿里巴巴合伙制管理分析

阿里巴巴合伙制度的创新使得香港证券交易和沪深证券交易监管面临新的挑战。阿里巴巴合伙制度并不仅仅是合伙人内部的制度。该制度通过公司章程在公司内部形成规范性文件，公司的股东、董事、管理者、监事等公司内外各利益相关者均需认可并遵循该文件，从而使得阿里巴巴的合伙制成为公司治理体系创新的基础。该体系是公司治理制度中结构化安排的初尝试，历史性地发挥了公司合伙人治理体系的优越性。阿里巴巴公司通过迄今为止最大规模的 IPO 成功登入美国资本市场，丰富了公司治理体系，将成为公司治理体系创新的经典案例。

1. 股权与公司控制权的分离

公司通过非正式制度实现了合伙人对公司的有效控制，成功地分离了股权和公司控制权，使得公司在最大程度上摆脱了资本决定管理的局面。合伙人治理体系有效规避了股东大会对公司控制权的直接干预，通过对董事会的提名和组成，有效地实现了合伙人对公司重大事项的控制，把对公司而言不重大的事项和决定均匀地分配给其他投资者。从该角度上看，阿里巴巴采用的合伙人制度下的合伙人享有的权利并没有双重股权结构下部分股权享有的高持股投票权所享有的集权化决策机制，通过该制度较好地实现了公司股票对投资者的吸引力。

公司合伙人管理团队不受股东持股比例的影响。公司股东大会不能对董事的任命产生实质性的影响，即使合伙人团队持股比例很低，合伙人仍然可以通过公司内部董事提名和任命来保证合伙人对公司的有效控制。虽然合伙人的持股比例会受到公司内部相关制度条款的约束，但是此类制度条款只能约束合伙人自身持股数量。只要公司章程中关于合伙人治理制度的相关约束条款未发生变化，合伙人完全不用担心自身持股比例由于外部事件而稀释、股份被转让等。

阿里巴巴的合伙制度以不超过 13.5%的股权强化并巩固了创始人及管理层对阿里巴巴的控制，以协议安排法律结构，大大提升阿里巴巴的企业价值和合伙制度价值，也为公司的治理机制与激励机制打开了创新空间。阿里巴巴合伙人制度是现代公司治理体系中私权分配制约的创新，该创新极度显现了公司治理中私权进一步扩张的趋势和特点。毫无疑问，在未来的资本市场发展中，仍然会出现私权不断扩张的公司治理体制。阿里巴巴通过将合伙人治理体系和公司治理体系连接在一起，有效地实现了公司内部合伙人私权与资本权有效制约的创新。

2. 管理权和所有权的高度融合

合伙人之间相互平等，合伙人不仅是公司的经营管理者，更是公司的所有者。阿里巴巴合伙人体系较好地体现了一群合伙人的愿景。而非单个或者几个合伙人的愿景。不同的合伙人之间通过签订合伙协议达到制约的目的。这与谷歌、脸书以及百度等科技类公司的双层股权结构相比，具有更加民主和科学的特点。阿里巴巴合伙人制度是一种动态的相互制约体系，表现为股东大会、董事会、合伙人之间的相关联动，追求在公司动态的持续发展中、快速决策和最大程度维护股东利益上达到最大平衡。合伙人制度有利于合伙人及公司管理者管理公司业务，摒除官僚主义作风和等级制度带来的缺陷，较好地实现扁平化管理。阿里巴巴用合伙人制度来防止大公司病，克服官僚体系及等级架构。阿里巴巴目前有 28 位合伙人，其中有 22 位公司管理层，以及 6 位来自关联及下属公司，阿里巴巴合伙人分散到更多的高管成员中。

阿里巴巴把马云等创业团队与软银等大股东之间存在的委托代理关系转变为共担风险的合伙人关系，不断鼓励公司的创业团队在充满未知的阿里业务模式发展中进行人力资本的创新和投资，有效地解决了信息不对称引起的道德风险问题。

3. 保持与延续了创始人文化

创业者亲手创办企业并且一路陪伴企业的不断成长，创始人和公司具有天然的情感联系，在一定程度上创业者通常比其他人更希望公司可以永续存在。另外，创始人的名字、声誉等无形资本都和公司存在联系，他们不希望自己创办的企业沦为赚取短期利益而牺牲长期利益的工具，从而避免自己因为目光短浅而遭遇市场的唾骂、自身声誉受损。长期合伙合约制度下，阿里巴巴合伙人实质上成了公司“不变的董事长”和“董事会中的董事会”。在现有法律体系下，合伙人制度不仅在一定程度上成为公司创业团队阻止“野蛮人”入侵的主要手段，而且可以成为合约不完全下激励公司创业团队不断进行人力资本投资和制度所有权安排的实现方式。相对于公司最终控制权落入追求短期利益的投资者或者敌意的“野蛮人”手中，由公司原始创业者及其团队控制公司的重大经营决策无疑有利于公司的长期发展。

在阿里巴巴合伙人体系下，一方面，公司创始人及其团队共同参与公司的生产经营活动，通过不断交流和沟通，将创始人优秀的经营理念和文化保留在企业内部，并通过合伙人的更迭进行传承；另一方面，在现有管理队伍中“择优”选出公司的合伙人，他们往往具有较丰富的管理经验或者某一方面的特殊技能。此外，公司合伙人团队的不断更新可以使公司创始人及其团队的经营宗旨很好地延续下来。

第三节 韩都衣舍电商集团案例[①]

> 公司应把决策力从老板身上放到员工身上。未来的韩都衣舍就像一支航母联合舰队，每一艘舰艇都有自己的动力、职能和航线，有自己的作战海域，但同时又有集成的底层智能系统。我们不仅仅是一个高速联动的系统，更是一个有生命的“生态体系”。
>
> ——赵迎光（韩都衣舍电商集团董事长）

一、案例背景

韩都衣舍电商集团创立于2006年，是中国最大的互联网品牌生态运营集团之一。作为一家以“淘品牌”起家的企业，它致力于打造具有全球影响力的时尚品牌孵化平台。韩都衣舍独创的“以产品小组为核心的单品全程运营体系（IOSSP）”是企业利用互联网提升运营效率的一个成功案例，入选清华大学MBA、长江商学院、中欧国际工商学院及哈佛商学院EMBA教学案例库。

韩都衣舍的创立人是赵迎光，他在2008年之前的主要业务是代购，2008年后开始转型，经营韩都衣舍，并于2016年12月28日起在新三板挂牌。2010年，韩都衣舍获得“全国十大网货品牌”的荣誉之后，IDG与其商谈投资事宜。在一年后的2011年，IDG向其投资1 000万美元，韩都衣舍拿到资金后没有花大量资金铺天盖地打广告，也没有做实体店，只做

---

① 佚名. 被作为哈佛案例的小组制高度授权模式和事业合伙人制度［EB/OL］.［2017-08-13］. http://www.chinahrd.net/blog/399/469578/398858.html；佚名. 韩都衣舍的事业合伙人制度、赋能型小组制、阿米巴模式解读［EB/OL］.［2017-08-11］. http://blog.sina.com.cn/s/blog_78cee0640102x24h.html.

了一件事，就是“屯人”。韩都衣舍的团队规模从 400 人增加到 2 600 人，每年开发新品 3 万款，相当于每个工作日都推出百余款新品，这个数量已经超越了快时尚的领导品牌 ZARA。这些数据背后，都彰显着人才的力量。在如今的新时代，人才已经成为企业竞争抢夺的重点。韩都衣舍从一个仅仅创业 6 年的小公司，一跃成为国内著名服装品牌。2014 年，韩都衣舍的销售额从 300 万元跃升到 15 亿元，利润 8 800 万元，在同年的“双 11”狂欢节当天销售额高达 2.98 亿元，位居所有品牌第一位，比第二名优衣库多一倍。面对国际知名服装品牌优衣库，追赶者韩都衣舍逐渐成为知名服装品牌的领跑者。

二、公司层面合伙制管理

韩都衣舍在公司治理层面最重要的制度是合伙制。在创始人赵迎光的眼中，寻找合伙人就是他最重要的工作。韩都衣舍找合伙人是按照职业经理人的标准来找的，六位合伙人有不同的专业背景、不同的工作经历、不同的思维方式，负责不同的业务部门，同时，股东与职业经理人身份完全重合，无须多协调一重关系。当时，六人的股份比例为：赵迎光 17.55%、张虹霞 9.78%、刘军光 9.78%、杜廷国 6.38%、吴振涛 4.77%、张近东间接持股 0.19%。

1. 合伙人的沟通机制

①及时的沟通。韩都衣舍建立了工作群，以分享团队动态，可第一时间进行沟通。

②随时的交流。韩都衣舍食堂专门留出一个房间供六名合伙人使用。他们每天一起吃饭，花半小时吃饭，一个半小时聊天，快速协商公司的大小事情。他们这一习惯被保留至今。

③定期的会议。韩都衣舍内部有个“萝卜会”，就是合伙人之间的头

脑风暴大会，每周召开一次。随着韩都衣舍的发展，“萝卜会”也在不断壮大，如今部门总监级的中高层也都加入“萝卜会”，为公司的发展献策献力。

2. 合伙人的决策机制

六位合伙人的专业背景和工作经历各不相同，容易产生不同观点。韩都衣舍合伙人之间定下一个原则：相互信任、无限容忍。相互信任是指合伙人之间相信彼此是从公司的立场出发的，而非为了个人利益。无限容忍是指合伙人需要容忍其他人的缺点，以便各自的优势得到发挥。

三、合伙人小组制管理

韩都衣舍构建了平台化基础上的合伙事业制，强调服务性管理，把决策权交给每个小组，而公司只把握大方向，愿意给员工试错的机会。

1. 小组制的设计原则

员工间自由组合，形成三人小组。小组负责非标准化的环节，如款式选择、页面制作、打折促销等。

标准化环节，如客服、市场推广、物流服务、摄影摄像等由公司负责。

人资、财务、行政部门等由公司进行统筹，实行倒三角的三级管理，公司各部门为小组服务。

公司层面成立了企划中心，统筹全局，根据历年销售数据和销售大小年的变化规律制定目标，用售罄率倒逼各个环节，做到单款商品的生命周期管理，将品类目标分解到各个小组。良好的机制设计，保障了公司在每年3万款型的情况下，售罄率依然高达95%。

2. 小组成员构成

(1) 基本小组由三人组成，各有分工。一个设计师负责设计；一个负责运营推广，其在传统商业叫导购；还有一个货品专员，负责采购和供应链的组织。小组成员可自由进行组合，不合适的人可以退出原有小组，也可实行小组重组。这样的宽松氛围使得公司内部贴满挖人的海报，倡导个人找到自己最适应的小组，同时也帮助公司的资源得到更优的分配。公司对小组进行考核，根据考核情况分配资金，而组员的资金由组长负责分配。例如某个优秀小组获得 10 000 元奖金，组长给自己分 5 000 元，给两位组员分 2 500 元，组员如果感到不满就会想离开组长另谋出路，而组长想留住好的组员，需要考虑更合理的分配奖金。业绩差的小组组员就可能脱离组长另谋出路，这就使得组长想留下组员，除了要合理分钱，还要提升自己的能力，带领小组创造业绩。

（2）组员自由重组机制。韩都衣舍允许一人小组存在，避免组员还没离开自己的组就与别人商量离组之事。

（3）建立重组的财产分割制度。韩都衣舍建立起公平合理的财产分割机制，帮助小组和平分手和顺利重组。另外，如果优秀小组的组员出来单干，在一年内需向原小组支付 10%的培养费，这样原小组容易放手，离开的人也无所愧疚。在如此机制的帮助下，组员间能够进行充分的自由竞争和组合，在提升自身能力的同时，助长公司业绩。没人跟的组长怎么办？例如 C 小组第一年业绩差，组员离开了；C 小组组长招了新组员，但第二年还是业绩差。在此之后，没组员跟随该组长，而该组长去别的小组也没人收。这些组长该怎么办？其实，经过多次验证，业绩不好的组长已经知晓了自身的能力水平，收入较低也心甘情愿，不会与高收入的人比高低，会在企业踏实地做下去。组长的优势是了解企业文化，可以带领新员工，所以韩都衣舍仍会给他们配新员工做组员。

（4）小组自动运转。韩都衣舍每天公布小组的排名情况，在激励机制上也会向业绩优秀的小组倾斜，因此小组和小组之间的竞争非常激烈，这其中包括人员的抢夺和小组的分裂与组合。在韩都衣舍的办公区域，常有公开招聘，公司也鼓励员工在不同小组和岗位上流动。在韩都衣舍有一句话，叫“不想当选款师的制作不是好运营”，每个小组都想有更强的组合，得到更高的排名。这使小组自动完成了更新。

（5）小组排名。韩都衣舍每天早上会公布前一天的销售排名，小组会受到很强的刺激。已经处于第一名的小组会努力维持第一的排名，而第二名会思考如何超越第一名，倒数第一想的是不能老垫底……如此一来，每一个小组为了名次靠前一步都会加倍努力，即使没有加班制度，也会自愿加班。在这种机制下，组长以老板的思维方式去看数据，制定产品策略，并关注毛利和库存指标，积极主动地争取提高业绩。

3. 小组的权限

（1）小组独立核算。公司内部实行以产品小组为核心的全程运营体系，即三人为一组，每个小组都有运营、选款设计、商品制作、对接生产管理订单、销售的能力，实现了全员参与经营与独立核算。

（2）对小组充分授权。每个小组同时具备传统门店的所有权利。同时，新产品的上市、价格、促销、折扣、库存周转等事项均由每个小组自主决策。

4. 公司对目标的控制

公司层面会根据历史数据制定年度目标，再把目标分配到各小组，小组按目标任务获得可用资金额度。例如公司基于历年数据，结合市场发展变化，预测增长率为50%。A小组去年销售额为100万元，公司就会就跟A小组谈今年能否增长到150万元？A小组如果同意，就能获得75万元的资金支持；如果答应增长到200万元，就会获得100万元的资金支持。如果小组为获得高额资金支持乱报销售目标，公司该如何管理？韩都衣舍有单独的控制机制。假如A小组申报了200万元销售额的任务，完成至90%

以上可拿奖金，而低于90%则无奖金。在这样的机制的调节下，小组会衡量自己的能力和风险后做抉择，不会胡乱申报销售目标。此外，还有一种情况存在。若小组自己申报的销售目标为150万元，公司经分析后给小组确定200万元的目标，那么公司多加的50万元，不管完成与否均不影响奖金计算。如果小组完成这50万元则可多拿资金。这样一来，公司强制分配的任务没有风险只有可能的收益，小组也就愿意接受。

5. 小组考核

授权是事业合伙制的核心，考核是事业合伙制的关键。韩都衣舍目前已有300多个小组，按小组数量设置主管、经理，为小组协调资源，而主管、经理的奖金计算方式与小组一样。这样的机制使得他们有动力去帮助小组完成任务，而公司会针对业绩完成率、毛利率、库存周转率对小组进行考核和奖金分配。

6. 小组激励

（1）用服务质量激励考核支持部门。关于对职能部门的激励，韩都衣舍有很充分的投诉机制。只要小组对职能部门不满，可以直接投诉到运营管理组。运营管理组会马上进行责任的追查，这样一来，投诉和职能部门的利益挂钩，一下子就解决了很多公司不知道如何管理激励财务部、人力资源部、行政部等老大难问题。

（2）合伙人股权激励到基层。对于绝大多数传统企业来说，股权激励的对象通常是中高层，而韩都衣舍将激励对象覆盖到了每一个员工，使每一个员工的激情和创造力最大化，每一个小组的动力都被彻底激活。在韩都衣舍，人人创业、人人创新，基层人员的利益和公司利益捆绑在一起。

（3）韩都衣舍构建了非常透明和清晰的奖金制度。小组奖金＝销售额×毛利率×提成系数。提成系数与业绩完成率、毛利率、库存周转率等存在联系。小组的奖金不是由公司来决定的，而是靠员工自身努力。这套制度调动了员工的积极性，进而提升了经营效率与经营业绩。

7. 与小组制配套的保障机制

（1）标准化工作的竞争机制。非标准化部分由小组负责，标准化部分由公司负责。标准化部分也存在竞争机制。例如材料供应至少有 2 个以上的小组同时存在，前端小组可自由选择某一个小组下单。如果某个供应小组的评价不高，前端小组可能就不会向他们下单。这可有效避免“懒政”问题和腐败问题。同样的，如果觉得某小组水平不佳，前端小组就不会向其下单。这样的竞争机制在降低腐败可能的同时还促使小组内部主动提升自己的能力，来吸引前端小组的选择，从而提升业绩。

（2）倒三角的服务型组织。韩都衣舍的管理架构分为三层：一是与品牌相关的企划、视觉、市场部门；二是 IT、供应链、物流、客服等互联网支持部门；三是人力、行政、财务等行政支持部门。整个公司的核心是产品小组，而市场、企划、设计、客服、行政、财务等部门全是小组的支持部门。传统企业中一般采用的是科层制的金字塔架构，行政、人事、财务等是权力部门，掌握着公司最重要的资源，这也使得他们善于趋利避害，难以考核，影响一线部门的效率。而在韩都衣舍，金字塔模式被颠覆了，小组是公司的中心，其他部门都为小组服务，所有公共资源与服务都围绕着小组展开，使得整个系统的效率得到很大的提升。

四、韩都衣舍的经验与启示

（一）合伙制管理真正实现了责、权、利统一

该体系的本质是将运营组织最小化，在此基础上，实现责、权、利的相对统一：在“责”上，根据获得的资源，每个小组都有明确的销售额、毛利以及库存周转率的要求；在“权”上，产品款式的开发、码数的设置、价格的制定、库存情况、促销情况等都由小组自己做主，几乎拥有普

通老板的所有权力；在“利”上，员工的奖金与自身的销售情况有直接联系，能够有效促进组员工作的积极性。该体系将服装企业传统的设计部门、视觉部门、采购部门、销售部门等统统打散拆分，其中产品设计、导购页面制作与货品管理三个非标准环节交由产品小组负责，每个小组一般由设计师、页面制作专员和货品管理专员三人组成；供应链、IT、仓储、客服等标准化的服务则统一由公司提供。这正应了一句话，“一旦在最小的业务单元上实现了责、权、利的统一，企业就变成了公共服务平台”。

（二）合伙制管理是管理创新的永动机

随着企业的规模越来越大，创新需要冲破的阻力也会越来越大，往往是老板整天喊创新，底下的人却都在守江山，公司的发动机在老板一个人身上，一旦老板产生了懈怠或者暂时休息，那么整个企业的发展就会受到严重影响。实行小组制相当于在企业内部设置了无数个发动机，通过对所有小组的销售额进行排名，并通过鼓励自由组合，实现新陈代谢。数百个小组始终争相往上走，必然会推动企业在供应链等各方面的能力不断提升，成为企业创新的永动机。

（三）颠覆科层治理

产品小组的动力源自最小自主经营体的设计，公共服务部门的动力则主要来自小组的压力。韩都衣舍实施小组制，让听见炮火的人指挥战斗，激励一线员工，让股权激励成为公司发展核心动力，彻底颠覆了传统科层制效率低下、反应迟缓又难以考核的问题。

第四章　现代商贸服务企业合伙制激励创新与典型案例

在合伙制度下，组织管理者、员工和投资者的利益高度一致，能够真正提升和完善企业的运营效率，最终确保企业战略的实现。毋庸置疑，“合伙制”是真正建立企业“利益共同体”的一次伟大实验。在这种管理体制下，相信那些钻空子、只顾眼前利益的做法将无所遁形。

——范文议（美国加州大学博士生导师）

第一节　合伙制激励创新的分析

一、兼顾长短期激励

合伙制将奖金激励、股权激励、晋升激励整合到一个管理框架中，有利于构建一个精准激励体系，既规避了长期激励的不确定性，又降低了短期激励的功利性。

传统的激励方式有奖金激励、股权激励、晋升激励等方式。奖金激励是基于短期业绩的，不具有中长期激励效果。在股权激励中，退出股权受限，而人才是在流动的，股权激励难以对流动人才实施滚动激励；在动态的市场环境和企业的战略调整过程中，企业经营与股票市场的不确定性，将导致股权激励的效果大打折扣；股票激励数量也难以掌控，若过于分散，可能影响企业决策效率。职位晋升的激励效果受制于有限的职位数量，难以在公司全面推广。

在合伙制管理模式下，拥有股权的合伙人不仅享有股权收益，还可获得利润分享，其职业发展和企业发展轨迹趋同。例如：企业可以通过合伙人级别设置、进入、退出与考核机制等方式，使得合伙人贡献与个人职业发展进行充分弥合，实现激励分期的同时又缓解股权激励的弊端。合伙人评选可在一定程度上打破岗位数量和层级的限制，并且赋予合伙人比岗位更广泛的权利和责任。与传统的职务激励相比，合伙人的评选条件、评选范围与调控空间具有更大的灵活性。因此，合伙人的评选可以实现职务激励效果。例如：永辉的合伙制度也存在竞争，内部被称为赛马机制，各个合伙人业绩累积到3个月进行比较，3个月后仍然没有达标或落后的就会被淘汰，再由新的合伙人加入。

链接4-1　某连锁企业的“分级合伙人”

曾有一家快餐连锁企业提出未来三年新开500家门店的战略规划，但按照近乎两天一家新店的速度，公司根本无法配置到新门店所需要的人才。公司采用了德勤建议的“分级合伙人”理念，鼓励符合条件的总部人员、成熟门店人员参与新设门店的创建，辅以一定的股权、分红权，对于一部分想回到老家创业的员工更提供多项帮扶措施，因此在总部保持绝对控股比例的情况下，实现了员工在新店的合伙经营。合伙人晋级计划对于在一定时间内规模、盈利等条件符合的门店，其合伙人可申请晋级，即持有的股权额度部分保留在所在门店、部分额度晋级为区域、总部的股权。总部在启动上市时，将通过总部股权置换或现金收购等多种方式，将门店合伙人转入总部合伙人计划，由此实现从门店到区域到总部的合伙人晋级目标。

二、“赋能、赋权、赋利”，极大地释放员工潜能

企业的成长极限很大程度上受员工潜能的影响，这个问题可通过对员工合伙人“赋能、赋权、赋利”来缓解，即从文化认同、发展空间和利益共享三个方面相结合，从而突破企业管理瓶颈，实现持续的创业创新。

（一）赋能促进管理者投入高度匹配的人力资本

赋能就是赋予员工实现自我价值的文化和思想。每个合伙人都是引领者，每个人在组织中的成功案例将相互传播、相互感染，公司的驱动机制从企业所有者一人驱动转化为所有人驱动。管理者不担心知识和技能在本企业的专有性，他们掌握与分享着公司的控制权、经营权，不必担心自己会被解雇。由于人力资本投入的回报可以得到保障，企业会更愿意投入高度匹配的人力资本。

链接 4-2　韩都衣舍电商集团

韩都衣舍提出了“合伙制+平台化+生态化”发展模式。韩都衣舍主要是通过平台来激发员工创新的能力。只要有一个好创意，就可以成立一个小组（合伙人团队）。比如说产品小组，从设计到品牌运营，都有决定权，直接面对市场，在平台上来运行。企业内部不再是行政长官来协调，而是按照市场、客户需求来协同，这就使得韩都衣舍以较低成本实现快速增长，年上新品超过 30 000 款。一个企业一年的新品能超过 30 000 款，靠传

统的研发模式、设计模式不可能实现，只有通过“平台化+项目小组合伙式”运作，从产品设计到生产直接去对接细分领域里的消费者的需求，去满足各个细分领域的需求，才能快速反应。平台配置资源可以赋能，使得从零到一可以是小团队去运作，但是从一到十、十到一百通过平台来帮助他们赋能。这种模式是未来的一种组织的新形式。

（二）赋权增强员工的满意度与归属感

赋权是指赋予员工经营方面的自主性。企业必须针对不同个性、不同层级的员工，给予他们更多的自主生长空间。从心理授权的四个维度分析来看，自我效能感能够让员工相信自己付出努力就能完成组织赋予的使命。工作自主性使员工能够控制自己的工作和决策，工作影响力使员工有机会参与组织的管理和决策，有意义的工作则能够将工作要求和个人价值追求相匹配，因此心理授权程度高的员工会伴随着更高的满意度和行为绩效。一线员工合伙制的有效激励管理如图 4-1 所示。大量实证研究也表明，心理授权对员工的工作满意度和行为绩效产生重大影响。

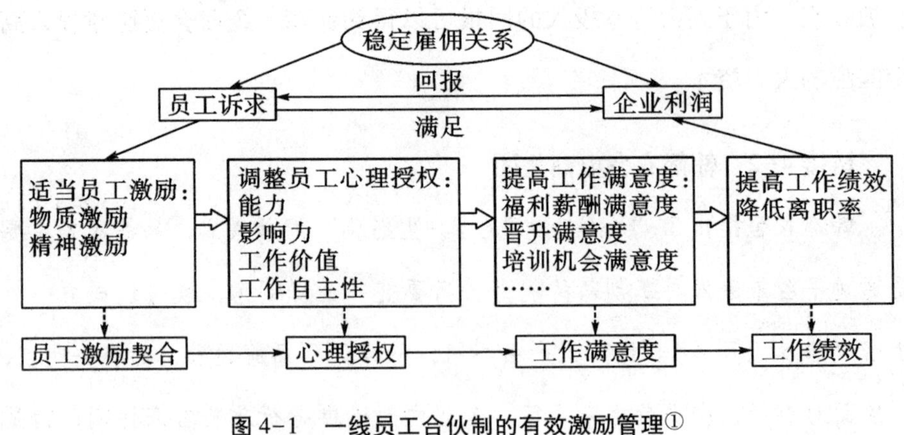

图 4-1　一线员工合伙制的有效激励管理①

① 陈维，张越，吴小勇．零售企业如何有效激励一线员工？——基于永辉超市的案例研究［J］．中国人力资源开发，2017（7）：110-122.

自主经营权合伙制可以让员工产生更强烈的归属感，为企业凝聚合作伙伴。当人才参与公司经营决策、融入创业合伙人团队，才有可能真正找到创业的感觉，对公司的业务会更有参与感，进而提高工作效率。同时，合伙人必须是高度认同公司的文化，愿意为公司使命、愿景和价值观做出贡献的一个团队。这种管理模式聚集了一群拥有共同理想并愿为企业做贡献的创业者。因此，合伙制管理下，员工的满意度和归属感更强，更容易扩充人才。例如，小米员工对加班的评论："如果你找一份工作，天天加班当然是不行的，但如果是创业就不同了，创业是一种生活方式，你在为自己而活。"永辉合伙制的核心在于倡导"人人都是经营者"的主人翁意识，契合了一线员工的内在诉求，给员工带来了物质和精神两方面的满足。

链接 4-3　永辉超市[①]

永辉超市一线员工大多都是"80后"一代，经济实力相对较弱，很多来自农村。他们特别渴望在城市扎根，融入城市生活，也更加关注身份等同和社会其他群体的尊重与认同。得到组织认同和社会认同是员工的重要诉求，这也是一种精神激励。因此，永辉超市合伙人制度时刻在向员工传达他们的核心价值观：融合共享、成于至善。他们宣扬永辉是共同创业和共同发展的平台，来永辉工作是创业，而不只是就业。这无疑会让一线员工意识到自己就是合伙人，从事一线工作并非低人一等，从内心认同自己，也养成"人人都是经营者"的意识，更加乐意留在组织工作。

首先，永辉实行的合伙制就是要培养员工"人人都是经营者"的意识，配合着对一线员工业务能力的培训，以及在他们之间树立标杆起到激

① 佚名. 永辉超市的员工激励案例［EB/OL］.［2018-04-13］. http://www.hrsee.com/? id=677.

励推广作用。这有利于树立一线员工对工作和自身能力的信心。其次，永辉对一线员工实施授权管理，激励员工超额完成公司规定的经营目标才能获得分红，充分调动了员工的自主性和积极性。再次，永辉在制订绩效方案前期，上下沟通达成一致，后期不断跟进调整，充分考虑了一线员工的意见，为员工体现其对组织影响力提供了机会。此外，永辉追求管理扁平化，强调身份等同，有利于营造共同创业和共同发展的和谐组织氛围。最后，永辉通过发放奖金、公开表扬、职业发展等一系列激励手段让一线员工体验到成功的喜悦，进而产生对其工作意义的积极评价。

（三）赋利激发“内部人”潜能

共同的企业愿景，同为企业合伙人的身份，将自驱动员工甘愿为企业付出不亚于任何人的努力。

赋利就是利益的共享。按不同比例合理地分配利润对于考核来说必不可少，但也只是最基础的。合伙制的利润分享犹如一只“金手铐”，为公司吸引和留住优秀人才起到了保障作用。“金手铐”提高了个人的主观能动性，从而激发起内在潜力，让整个企业实现一种自组织，并以开放性机制体现人力资本价值。

拉夏贝尔的店铺合伙制度让每位店员成为店铺合伙人，根据店铺业绩参与分享企业经营成果。其中，员工薪金的计算方法由原来的“固定工资+佣金”形式调整为多种与经营成果挂钩的形式，其中一种采用公司根据店铺往年销售情况设定店铺整体薪酬回报占店铺销售额的比重、店长和店员共同分享店铺所得的薪金总额的方式。成为店铺合伙人之后，员工关注的视角也将从单纯的销售额指标转向关注公司的成本控制以及盈利能力。

华润万家引入生鲜合伙人机制后，毛利率提升1%~2%。这个超额收益将由生鲜员工共享，许多员工因此几乎多拿了半年工资。更高的员工积极性也带来了明显的效益提升，并形成一个良性循环。永辉超市也采用了该机制。其员工在码放时就会轻拿轻放，并注意保鲜程序，这样一来节省的成本就是所谓的“节流”。这也就解释了在国内整个果蔬部门损耗率超过30%的情况下，永辉超市只有4%~5%损耗率的原因。大润发旗下电商网站飞牛网也称将招募千乡万馆计划的合伙人与分销商，范围较广，包括体验馆、校园合伙人、社区合伙人、内部员工合伙人等一系列实现方式，而华润万家内部早已开始尝试推广生鲜合伙制度。在合伙制管理制度下，员工的收益将与品类、部门、柜台收入或毛利挂钩。每个员工只有依靠更出色的服务，避免不必要的成本浪费，才能得到更多的回报。因此，合伙制拓展了员工的开源空间。

第二节　永辉超市案例①

永辉发展的核心基因是共享理念。员工到沃尔玛是就业，到永辉来是创业，我们共同成为创造者和分享者。

——张轩松（永辉超市董事长）

一、案例背景

永辉超市是中国首批将生鲜农产品引进现代超市的流通企业之一，被誉为中国“农改超”推广的典范。永辉现已发展成为以零售业为龙头，以现代物流为支撑，以现代农业和食品工业为两翼，以实业开发为基础的大

① 陈维，张越，吴小勇. 零售企业如何有效激励一线员工？——基于永辉超市的案例研究[J]. 中国人力资源开发，2017（7）：110-122；佚名. 永辉超市2015年度门店合伙人方案及月绩效方案［EB/OL］.［2017-07-31］. http://www.sohu.com/a/161179322_99916414.

型集团企业。永辉超市在全国19个省市拥有近600家连锁超市，经营面积超过500万平方米，位居中国连锁企业前10强。永辉超市是中国500强企业之一。其2017年营业收入为586亿元，净利润18亿元，与2007年相比，营业收入与净利润分别增长16.3倍、13.8倍。

永辉超市在业内率先推出创业合伙人商业模式，至2016年年底已经拥有10 000名以上的合伙人。永辉超市采用阿米巴经营模式，将整个超市分割成许多个品类小店，每个品类小店都作为一个独立的利润中心，按照小企业、小商店的方式进行独立经营。各个品类小店自行经营、独立核算，帮助合伙人团队持续自主成长，让每一位合伙员工成为“老板”并参与经营。

近几年来，由于消费者购买习惯的改变以及受到电商平台的冲击，实体零售业的生存环境日益严峻。长期以来，零售业存在一线员工的高流动率问题。如何提高员工的工作满意度、降低员工流动率，是摆在零售企业人力资源管理者面前的迫切问题。永辉于2012年开始试点合伙人项目，并于2013年逐步推广，以此激励一线员工发挥主人翁精神，树立生意人意识，建立绩效挂钩、多劳多得的激励考核制度。合伙制对于激发一线员工热情意义重大，可以从基础层面的点点滴滴节约成本、提升效率。此后，合伙制进一步推广，永辉云创即采用合伙制和赛马制，推动了核心管理层持有公司股权。

二、永辉合伙人制度实施方案简介

（一）永辉合伙人制度发展历程

由于超市工作的一线员工直接与消费者接触，因此其工作态度、质量、规范性直接影响着永辉的形象和声誉。此外，永辉还需要通过一线员工的工作实现生鲜产品采购、运输、库存、销售等的管理工作。由此可见，一线员工对永辉提高顾客满意度有着毋庸置疑的重要。但是，一线员工往往因为知识技能匮乏、职业素质相对低下等原因，薪酬较低、福利水平较差。这也引起一线员工和企业之间的矛盾不断升级，工作积极性不高、工作更换频繁等不良后果。永辉超市生鲜特色经营的成功很大程度上需要依靠一线员工。然而，由于零售行业的特殊性，超市工作的一线员工往往干着最脏、最累的活却拿着最低的薪酬，因此行业整体员工离职率、流动性较大。对于大型连锁超市而言，直接提高工资水平不是最佳方案。例如，永辉超市在全国有 6 万多名员工，假如公司每月给每人增加 200 元收入，每年需要多付出 1 亿多元的工资，并且这 200 元的收入对于个体员工来说是少量的，激励效果不明显，永辉也不可能在短期内连续提升员工收入。永辉超市的目标是既能增加员工的收入，又能降低工作运营成本（果蔬日常损耗）、提高经营收入和顾客占有率。为实现上述目标，永辉尝试调整运营模式，开始实行一线员工合伙制。

永辉超市从 2012 年开始实行合伙人制度，以激励一线员工提高工作积极性、建立主人意识，并建立了将业绩评价与员工工作效率、效果相联系的考核体制。永辉从生鲜合伙人开始试点，到目前已基本实现公司内部所有岗位合伙制。为适应管理体制的变革，永辉对组织架构也进行了必要的调整，改变原来高长型、层级化的职务特点，使组织架构逐步扁平化、平台化，公司层级从原来的 9 级减少至目前 4 级，极大地提高了决策的效率。2017 年 10 月，永辉实行了第三次组织结构的调整，将生鲜和加工、食品和用品、服装三大事业部转变为多商运营模式，将原事业部根据产品类别细分为各类独立经营小组，构建起“大平台+小前端+富生态+共治理”的生态链组织结构模式，使公司更专注各个类品，将经营与采购融合，将公司的经营管理权逐步下放至公司一线员工，更接近消费者，提升公司内部各个类品员工的工作积极性。永辉超市经营业务发展和组织体系变革见图4-2。

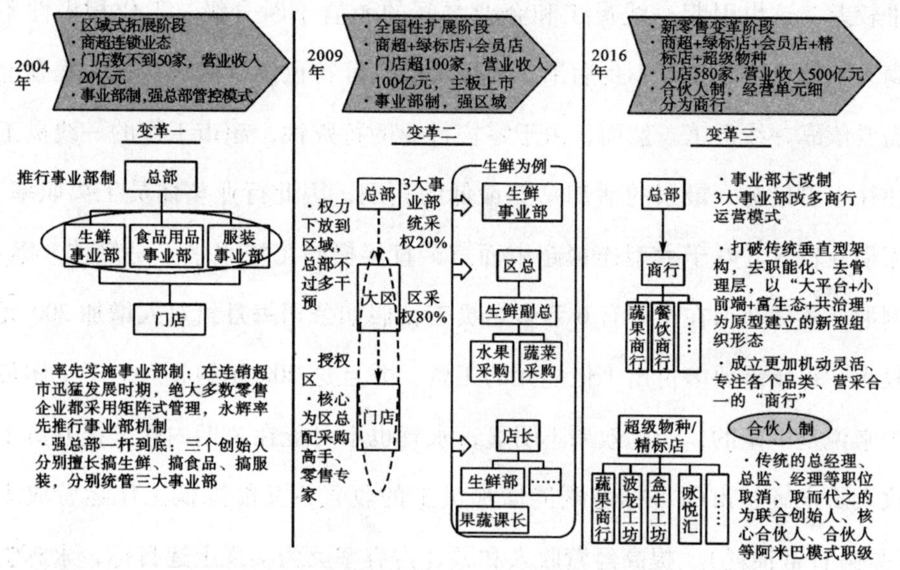

图4-2 永辉超市经营业务发展和组织体系变革①

在合伙人制度的推广过程中，永辉下放的权力远远不止这些。具体部门、柜台、类品等员工的聘用、解雇交由一线员工组决定。他们可以选择招聘更多的员工，但是所有的收益都将由所有员工共享。在此种情况下，不同员工起到相互监督和管理的作用，有效地避免部分员工过于劳累，而部分员工无所事事的情形。最后，这一切都将和公司的一线工作者捆绑在一起，所有员工组成利益共同体，大大降低了公司的日常运营成本，极大地降低了一线员工的离职率、流动性。

永辉超市合伙人制度以公司单个门店为业务单元，基本实现全员覆盖

① 夏惊鸣. 合伙机制不仅仅是一种激励机制，更是一种商业模式创新［EB/OL］.［2017-11-09］. http://www.sohu.com/a/203225843_343325.

（店长、助店、运营、后勤、小时工），但是不覆盖月工作时间少于 192 个小时的人员，即临时工、实习生、培训生和零时小时工，新进员工当月不参加，离职过程中的员工不参加，请假员工相应扣除工作时间。新开门店须在半年内执行项目合伙人制度。

永辉超市正在打造一家从生产制造到最终零售，从基本民生保障到中产消费，从产业链单一零售到整个采购、物流、运输和金融服务的多元化、多层次服务的上市公司。永辉超市内部将上述称为大生鲜产品全产业链共享经济生态圈。从永辉超市的发展来看，第一事业群体是公司目前最成熟、最完善的版块，也是过去的永辉超市；第二事业群体是公司最近几年发展的产业，代表目前公司的发展状况；第三事业群体则给予公司更多的畅想空间，代表公司未来的发展方向。从公司目前的发展进程看，金融板块、物流板块、养殖板块已开始初露端倪。如果公司按照规划发展，公司将构建一个极其庞大的现代生态链公司群。那么，对于一家以零售行业起步的传统零售企业，如何能带领公司数万名员工实现该“宏伟蓝图”呢？公司董事长张轩松先生给出的答案是合伙人计划。

（二）永辉超市的合伙制层次

永辉合伙人制度已经覆盖了几乎所有的门面和部门。永辉合伙人制度的内容是，总部与合伙人代表，根据历史数据和销售预测制定一个业绩标准，一旦实际经营业绩超过了设立标准，增量部分的利润按比例在总部和合伙人之间进行分配。合伙人制度的核心是激励。

永辉超市的合伙人制度事实上是分为三个层次的，具体情况如图 4-3 所示。

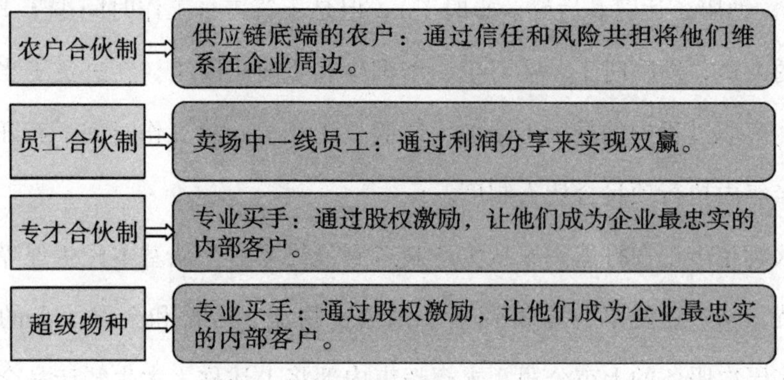

图 4-3　永辉超市的合伙制层次

1. 共担风险的农户合伙制

永辉超市除了和公司内部员工建立合伙人制度外，也与当地农户建立起一种类似合伙人制度的合伙模式。永辉在和农户签订够买协议的过程中，首先要保证农民取得最低收入，即无论市场价格怎么变化，都承诺以一定的价格够买；当市场价格提高时，永辉超市的购买价格也会随着市场价格而不断提高，以保证农户收入的稳定。该种模式使得当地农户更愿意和永辉超市合作，即使市场中存在以更高价格收购某一时段果蔬的购买者，农户往往会基于长期利益考虑而放弃与该类购买商合作。该模式的实质为永辉超市和当地农户实现合伙人共担风险、共享收益的模式。经过多年的合作和发展，永辉超市得到了一部分忠实的合作者。这也为永辉超市在生鲜零售方面保持核心竞争力奠定了基础。

2. 一线员工合伙制

在品类、柜台、部门达到设计的目标毛利或者利润之后，由企业和员工共同分享该部分收益。对于一些精品店，永辉甚至出现了无目标利润额，该店所有的收入由一线员工和公司共同分享。通过该模式，永辉有效地实现了一线员工自身收入与其所在品类、柜台、部门的收入高度相关，他们只有提供更加优质的服务，才能提高自身收入。该部分收入对于一线员工来说属于日常薪酬之外的额外报酬，有效地提升了一线员工的工作积极性。此外，考虑到不少员工组和企业签订的协议都是毛利或者利润，员工在日常销售过程中都会做到尽量节约成本。如员工在搬运、摆放、销售等各环节都尽量轻拿轻放，并注意保证生鲜新鲜，这样一来有效地节约了生鲜日常损耗成本。在全国大部分零售超市的损耗率高达30%左右的情况下，永辉超市做到了4%~5%的损耗率。

链接4-4　员工把公司的事情当成自己的事业干[①]

干生鲜是个非常苦的事，采购员一年四季泡在田间地头。曾有一名永辉员工去黑龙江采购大米，结果大雪封山，他过年都是在老乡家里。还有重庆大区的一名采购员，三年时间，他的车跑了十五六万千米，里程和出租车司机差不多。不过，出租车都是在城市里跑，他跑的却都是山路。正是这种充分分享的机制，让员工把公司的事情当成自己的事业干。

3. 专才合伙制

对于永辉超市而言，公司内部还存在一部分具有专业技能、特殊技能的员工。以生鲜零售为特色的永辉超市无疑将生鲜相关的经营环境看得格外重要。为了有效地激励专才在该业务发挥优势，提升核心竞争力，永辉在该业务外额外推出了更大的股权激励计划。永辉超市内部往往存在专业的买手，买手即公司供应链底端的代理人。买手拥有丰富的经验，往往对各个采购地点的生鲜品类非常熟悉。买手们不仅熟悉各个采购地点的详细情况，还对各种生鲜品类了如指掌。有他们掌握生鲜的购买环节往往可以大大节约公司的成本。鉴于此，这些买手们往往存在被竞争者窥视、以更好地薪酬挖走的可能，因此，永辉面对如何保持该部分员工的工作积极性

① 佚名. 社会消费能力不断提升 永辉超市鼓励分享的合伙人制度［EB/OL］.［2017-10-19］. https://finance.gucheng.com/201710/3321119.shtml.

和稳定性的问题。在该领域，永辉超市通过对此类员工实现股权激励，以使他们不仅成为公司的工作者，还成为公司的所有者，将该部分员工紧紧留在公司。“合伙人+股权激励”被称为治理模式探索中更高级别的合伙人计划。

4. 超级物种[①]

永辉推出“超级物种”，发展“超市+餐饮”的综合业态，对标阿里巴巴的盒马鲜生。之所以取名超级物种，首先，因为物种拥有不断进化的属性，例如即将落地的第二代超级物种，将会是融入更多线上元素的新模式。其次，物种必然经历不断的自我淘汰。最后，物种代表了自由组合，永辉将根据城市、商圈的不同属性，进行不同的物种配比和团队组合。超级物种充分发挥了永辉的供应链优势，并进行上下延伸，以超市的低成本，为餐饮提供全球优质食材（三文鱼、波士顿龙虾、澳洲牛肉等），以餐饮的良好消费体验带动超市销售。

在永辉新推的这种“餐饮+超市”业态中，餐饮部分的每个 SKU（产品）都是经过内部的合伙人计划竞争而出的。每个 SKU 都为永辉自有品牌，并且属于不同合伙人，单独结算。以鲑鱼工坊为例，日均能卖出 30 头三文鱼，差不多三天就能卖掉同等面积日料店一年的三文鱼数。波龙工坊也出现爆款现象，虽然营业面积仅 50 平方米，每日却可卖出 400 多头龙虾，预计日营业额超过 8 万元。永辉希望能吸引更多的年轻人来做合伙人，超级物种会不断地裂变、创新、迭代。随着永辉的不断创新，其服务功能会更加丰富，将来会有更多的年轻人成为合伙人，做社区管家、社区餐厅、全球定制的买手等。永辉提供平台、数据和供应链，以支持年轻人创业，最终成为一家平台型公司。

---

① 佚名. 社会消费能力不断提升 永辉超市鼓励分享的合伙人制度 [EB/OL]. [2017-10-19]. https://finance.gucheng.com/201710/3321119.shtml.

（三）公司合伙人收益共享制度①

合伙人出资投资可以获得固定保底收益、投资收益、投资份额等；合伙人的劳动贡献拥有增值分享、价值评价、二次分配、贡献价值等。

1. 合伙人利润分配

第一部分收入是劳动贡献收益（占 60%）；第二部分收入是投资收益（占 30%）；第三部分收入是二次分配收益（占 10%）。

永辉将管理层区分为不同的类型和层次，根据类型和层次设定不同的目标价值分配标准，并以倍数为分配基础。价值分层是以贡献价值为主要的分配依据。如果实际增量机制为 2 500 万元利润，每份可分得利润 5 万元，平均每份分红率为 83.33%，但是在实际分配的过程中，往往需要以价值为主要依据。假设第一轮合伙人的总分值为 40 分，总经理的价值分为 9 分，人事经理价值分为 1.3 分；另外假设所有的其他加分项和扣分项均属于公共分值，该类分值对企业的生存和发展具有至关重要的意义，可以充分挖掘公司合伙人的潜力。总经理和人事经理的实际可得分红如下：

总经理实际可得分红＝800 000÷40×9＝18 0000（元）

人事经理实际可得分红＝800 000÷40×1.3＝26 000（元）

如果中途存在合伙人退伙或者新入合伙人，合伙人之间可以根据原先协议退回相应的合伙人资金，并给予利息补偿。公司新加入的合伙人根据加入公司时间长短分享相应的收益。无论退出合伙人的份额是多少，公司都将未分配出去的份额留在公司内部使用，即份额的风险由公司完全承担，合伙人不承担风险。

---

① 佚名. 揭秘永辉超市合伙人制度［EB/OL］.［2017-12-04］. http://www.sohu.com/a/208347980_466446；佚名. 永辉超市合伙人模式的考核方法以及退出机制［EB/OL］.［2017-12-17］. http://www.sohu.com/a/211088458_100032351.

2. 额外收益再次分配

永辉公司总部和各个具体经营单位（合伙人代表）依据经营单位历史状况和预计销售收入设定业务评价标准。如果公司实际经营收入大于设定业绩评价标准，该部分收益将在总部和具体经营单位之间再次进行分配。在永辉超市内部，具体经营单位是指和总部存在收益再次分配的另一方。由于公司员工数量众多，总部不可能对每一个员工制定个性化的考核标准，因此总部往往以门店或者柜台为经营单位进行业绩考核。永辉超市在全国设立 7 个大区，在全国 18 个省市拥有近 400 家门店，针对区域经营环境的不同，制订不同的合伙人计划，但是所有的方案都以合伙人制度为核心。

由于永辉在全国有众多的门店和员工，因此合伙人通常以门店为单元与总部商谈相关事项。公司总部、门店负责人、门店经理及科长共同讨论该门店目标利润的制定。如果未来该门店的实际收益大于设定的标准，该部分收益将会根据合伙人制度进行再次分配，二八分、三七分、四六分均可能。门店负责人拿到该部分收益后又根据门店内各个部门贡献度大小对该部分收益在门店内部重新分配，最终将溢价收入分配到门店的每一位员工。从以上的分配过程中，我们可以看出，公司的合伙人制度相当于公司总部和各个门店之间的利益再次分配。公司在推行该制度的过程中也可能存在以下问题：部分门店内部的员工为了某些小利益会不会截留该部分收益，而违背公司推行合伙人制度的初衷呢？首先，永辉合伙人制度对一线员工的最低比例有着比较明确的约定。其次，公司总部将与各个合伙人之间的相关约定和制度完全公开透明化，一线员工可以根据自身销售状况预见未来的收益。在这种情况下，各个门店的负责人很难做到中饱私囊。永辉推行合伙制度一年多来，不少一线员工从该制度中取得收益。从实行合伙人制度以来，在保证原来工资、奖金等的情形下，科长类员工每月基本可以多拿 1 000~2 000 元的额外收入，业绩好的时候甚至可以拿到 3 000 多元，几乎接近他们原来的收入总和。合伙人制度不仅提高了员工收入，而且还解决了永辉面对的其他管理问题。永辉离职率从 8%降至 4%左右，各种商品损耗率从 6%降至 4%左右，商品上货率、产品更新率大大增加，员工对顾客的服务质量得到明显提升。

3. 不同合伙人共同参与目标制定、目标外收入再次分配

总部代表和各个门店代表共同制定本季度目标销售额和目标销售利润，季度结束完成预定目标的，将目标之外的收入按照一定比例（70%、50%、30%）决定为溢价收入，再次分配给对应的员工。对于每个员工来说，其能否参与再次分配收益，很大程度上受其所处部门目标完成率的影响。除职能部门之外，每个具体的业务部门都会根据门店的销售目标设定本部门的销售目标和销售利润。只有该业务部门完成预定目标的 95%以上，该部门员工才能再次参与目标外收入的分配。目标外的收入（大红包）根据参与分配人数的职称级别划分为若干个小额红包，然后再次进行分配。此外，至关重要的是员工都关心的问题即如何分配收益和分多少收益。既然永辉实行的是合伙人制度，那么就要让更多的公司员工参与分配规则的制定。一线员工首先共同推选出合伙人代表参与决策的制定，通过该方式共同制定的目标具有代表性且相对容易实现。对于分多少收益，永辉通过制定公平、公开、透明的计算规则，并且根据多劳多得的规则，让公司的每一个员工对自己的未来收益有一个合理的预期，以此提升员工的工作激情。

（四）具体考核制度

1. 执行“复盘+赛马”制度

永辉的合伙人执行“复盘+赛马”的规定，激发了内部员工的创新意识。

复盘制度是指按照月度组织相应的合伙人复盘，制订出不同排序的赛马方案，执行“高标准、高激励、高淘汰”的制度，做到各个合伙人之间独立核算、自主经营、自负盈亏、自我管理、自主决策的动态化决策机制。

永辉的赛马制度通常将员工拆分为7人小组，每个小组选出一位组长。永辉以具体门店为业绩考核单位，所有员工均需共同参与。

2. 关注关键业绩指标，明确合伙人工作重心

一直以来，永辉超市以果蔬生鲜为核心竞争力。生鲜和果蔬运输、保管和销售过程中的损耗一直是零售商的巨大挑战。但是在永辉合伙人制度的具体业绩考核指标中，我们没有发现永辉对该指标格外关注。这是不是意味着永辉放弃了对生鲜果蔬损耗率的考察呢？在永辉超市合伙人制度的考核中，每个具体的业务部门都会根据自身状况设定不同的具体业绩指标（通常为毛利），门店则会根据各个业务部门业绩（通常为毛利）完成情况进行排名，根据排名情况确定各个业务部门业绩分红系数。由此产生了一个十分有趣的现象，如果要提高公司的毛利率，通常采用两个方法：一是提高销售价格，二是降低销售成本。果蔬的价格一般由市场决定，故很难调整售价；永辉规定了统一的采购价格，故很难从源头控制成本，因此只能通过对储存、销售环节的控制降低成本。公司的生鲜果蔬损耗率仅为5%左右，但是其他零售商通常为30%左右，生鲜果蔬损耗率远远低于行业平均水平。

传统的业绩考核通常采用KPI指标，具体考核指标通常不低于5个，再乘上对应的考核系数。单个业绩指标对员工的收入几乎不产生明显的影响。对于薪资水平较低的员工，KPI考核很难发挥真正的作用。永辉超市没有设定复杂的业绩考核指标，仅考核关键指标，剩余考核任务交给具体责任人员。例如，永辉超市将毛利作为关键业绩考核指标，不仅降低生鲜

果蔬的损耗率，而且大大提升了员工的工作热情，提升了公司的服务质量。

3. 实行动态化的合伙人进退体制

永辉超市的合伙人制度规定超额收益由达标部门的所有人员共享，因此该部门的每一位员工事实上都成了事业合伙人，其中难免存在部分合伙人坐享其成的情形。为了避免门店出现该情况，永辉每季度都会对相应的合伙人进行必要的考核，不合格的合伙人将会被淘汰。每个具体的部门都享有在该部门内部招聘、解雇员工的权利，由于额外收益由公司所有的人员共同分享，因此部门内部不允许存在偷懒、拿钱不干事的员工，也不希望更多的人员分享既存的收益。该模式提升了员工的工作积极性，节约了公司的人力成本。永辉实现合伙人制的本质是提升员工的工作积极性。为了消除搭便车员工的存在，永辉内部实行动态化的调整机制十分必要。目前，大量的企业都担心公司离职率、流动率太高，其实人员流动本身就是一个优胜劣汰的过程，能者继续留下，无才者选择退出。这对于永辉超市来说可能是一件好事，因此永辉在合伙人的选择过程中坚持宁缺毋滥。

永辉通过合伙人制度一方面提升了公司的服务质量，另一方面也大大提高了员工的工作效率和效果。2015—2016 年，永辉门店数量分别是 388、487 家；员工数量从 75 000 多人降到 70 000 人左右，单店员工的平均人数大幅度下降；人效从 56 万元/人提高到 70 万元/人。

三、永辉超市合伙人制度的启示和经验

（一）激励创新

永辉实行合伙人制度的主要目标是激励公司内部员工，并借助阿米巴思维实现“人人都是经营者”。永辉超市合伙人制度对现代公司治理制度产生的影响就像改革开放初期的家庭联产承包责任制，是对现代公司治理

体制的创新。永辉的合伙人制度在零售业及相关的行业都具有很强的代表性。在中国经济从追求量逐步转变为追求质的大环境下，如何留住优秀人才、激发全体员工工作积极性、将员工薪酬和业绩相联系、把公司的利益和全体员工的利益捆绑在一起、成了永辉超市继续推行合伙人制度的另一原因。公司业绩好、员工收入高成了永辉超市另一特色。

通过对永辉超市的案例分析，我们发现永辉超市通过推行合伙人制度，让更多的一线员工分享公司收益，也向他们传达了“人人都是经营者”的企业理念，极大地满足了一线员工的物质需求和精神需求。永辉通过一系列的激励措施向员工传递承诺一致性的信息，即组织履行对员工的责任——兑现承诺，为双方形成心理契约奠定了基础。同时，随着员工心理授权水平的提高，员工在完成工作时能更加积极和主动，进而产生组织期望的结果，提高组织的整体绩效。由此可见，员工激励契合、心理授权和员工工作满意度三者之间形成有机整体，共同构成一线员工有效激励的微观基础。其中，在组织层面，组织实施一系列的激励措施，让一线员工真切感受到契合其诉求的组织行动。在员工层面，员工激励会调整员工的心理授权，改善其心理状态，增强他们的工作满意度，产生行为绩效，即产生互动行为回报组织的激励行动，提高公司的营业利润，最终实现互惠双赢。

在多数人的概念里，合伙制是管理层的专属激励机制。然而一线员工尽心与否对企业实际经营结果的好坏会产生巨大的影响。但是传统的把控方式是通过 KPI 考核对员工进行约束，要么事无巨细无法突出重点，要么考核关键约束忽略其他关联要素。而永辉超市的门店合伙制度将 7 万多名一线员工纳为事业合伙人，对超额利润进行分享，给了我们提高一线员工积极性的方向；同时，减少了企业刚性成本上升压力，将长期价值最大化。

（二）形成了稳定和谐的雇佣关系，彰显企业文化

永辉合伙制模式通过一系列激励措施调整一线员工的心理授权结构，对其工作态度和行为绩效产生积极影响。永辉中大部分的员工都在合伙制中受益，员工也通过不懈努力和用心服务回报组织，实现了企业利润的增长。而这都应该归功于永辉实施的激励措施契合了一线员工的真正诉求，形成了有效激励。雇佣双方经过磨合产生了心理共鸣，进而会有稳定和谐的雇佣关系。

与组织中的知识型员工不同，一线员工在文化水平、知识技能、个人诉求、自我心理定位等方面都存在一定差异。很多针对核心员工的激励模式可能并不适用于一线员工。一线员工在组织中是一个特殊群体，他们可能长期遭受社会偏见、身份歧视、制度排斥、隐形隔离等不公平待遇，他们也更加渴望提升，渴望组织的认同。Fehr（2004）从社会偏好需求角度出发，通过实验研究的方法验证了身份认同、尊重等精神激励方式对员工行为的激励作用。当一线员工得到组织的认同或者其个人发展和组织紧紧联系在一起，他们会愿意投入更大的努力去帮助组织实现目标，也会增强留职意愿。

第三节　沃尔玛案例①

一、案例背景

沃尔玛公司有折扣商店、仓储商店、购物广场和邻里商店四种零售业

① 佚名．沃尔玛薪酬制度 员工也是合伙人［EB/OL］．［2005-03-07］．http://www.qzwb.com/gb/content/2005-03/07/content_1561756.htm.

态，员工人数约100万人，分布在全球多个国家。如此庞大的企业实现低成本高效率运行，与其实施的合伙人管理有关系。沃尔玛是全球最大的私人雇主，但它不把员工当作雇员来看待，而是视为合伙人和同事。领导和员工及顾客之间呈倒金字塔的关系，顾客放在首位，员工居中，领导则置于底层。员工为顾客服务，领导则为员工服务。因此，沃尔玛的一切人力资源制度都体现这一理念，除了强调员工参与决策之外，还推行一套独特的薪酬制度。

二、员工合伙人方案

（一）卓越的利润分享计划：发展了130万名合伙人①

据不完全统计，沃尔玛从1972年开始实施利润分享计划，到现在发展了130余万名合伙人，并参与每年利润分红。②

1. 利润分享计划

凡是加入公司一年以上、每年工作时数不低于一定小时的所有员工，都有权分享公司的一部分利润。沃尔玛根据盈利表现按员工薪资的一定百分比提留，一般为6%；提留后用于购买公司股票，由于公司股票价值随着业绩的成长而提升，当员工离开公司或退休时就可以得到一笔数目可观的现金或是公司股票。一位1972年加入沃尔玛的货车司机，在1992年离开时得到了70.7万元的利润分享金。

2. 员工购股计划

沃尔玛运用一个与利润增长相关的公式，把每个有资格的员工的工资按一定比例放入这个计划。员工离开公司时可以取走这个份额的现金或相

---

① 彭剑锋. 沃尔玛：四个计划留住人才［EB/OL］.［2011-09-15］. http://ceo198com.blog.163.com/blog/static/1886040622011815114129369/.

② 佚名. 他富可敌国，找了130万名“合伙人”，按年薪的6%给它们分红［EB/OL］.［2016-04-06］. http://www.jiemian.com/article/599735.html.

应的股票。沃尔玛通过每月扣薪的方式支持员工购买公司股票，并补助15%的价款。现在，沃尔玛已有80%以上的员工借助这两个计划获得了沃尔玛公司的股票。据统计，持有20年的股票回报高达4 000倍，参加股票购买方案的员工都得到了丰厚的回报，因此而暴富的员工不在少数。沃尔玛大约有8%的股票被雇员所拥有。同时，沃尔玛在1993年1月3日提出了一个“合作者股票所有权计划”，大约有4 000名管理合作者获得了股票期权。

3. 耗损奖励计划

自然耗损大是零售业盈利的障碍，沃尔玛控制耗损的方法就是与员工分享因减少损耗而获得的盈利。结果，沃尔玛的损耗降到了行业平均水平的50%。而且，该计划还使员工之间增加了信任感，员工内部也因此建立起了互相监督的机制，也鼓励了员工自爱自重，减少了失窃现象发生。1988年，沃尔玛的官方损耗目标1.5%；到1989年，这一数字下降到最低的1.2%。

4. 福利计划

随着利润分红计划的成功，山姆·沃尔顿又实施了福利计划。它包括员工的疾病信托基金、家属教育奖学金、节约奖等，加上分店经理奖和补偿方案等，每年要额外支出几十亿美元。沃尔玛从1988年开始，每年资助100名沃尔玛员工的孩子上大学，每人每年6 000美元，连续资助4年。

沃尔玛的固定工资基本上是行业较低的水平，但是其利润分享计划、员工购股计划、损耗奖励计划在整个报酬制度中起着举足轻重的作用。沃尔玛通过利润分享计划和员工购股计划，建立起员工和企业的合伙关系，使员工与企业绑定，员工自身的收入水平与企业的发展水平直接相关，从而让他们关心企业的发展，加倍努力工作。随着沃尔玛销售额和利润的增长，所有员工的红利也都在增加。当然，这也会为沃尔玛吸引和留住更多人才。利润分享计划使沃尔玛与员工的利益紧密相连，使员工把公司的利益放在第一位。沃尔玛的每个基层店，都挂有这样的标记牌：今天我们公司的股票价格，就靠我们的工作。

（二）门户开放让员工参与管理①

门户开放是指在任何时间、地点，任何员工都可以口头或书面形式与管理人员乃至总裁进行沟通，提出自己的看法建议和关心的事情，包括投诉受到不公平的待遇，而不必担心受到报复。若员工的上司本身即是问题的源头或员工对答复不满意，还可以向公司任何级别的管理层汇报。门户开放政策保证员工有机会直接向公司高层表达他们的意见，避免了普通公司信息通道过于狭窄带来的信息闭塞问题。对于可行的建议，公司会积极采纳并实施。任何管理层人员如有借门户开放政策实施打击、报复行为，都将受到相应的纪律处分甚至被解雇。

沃尔玛与员工之间的沟通方式不拘一格，有一般的面谈、股东会议、卫星系统的信息传递等。沃尔玛十分愿意让所有员工共同掌握公司的业务指标，每一件有关公司的事都可以公开。任何一个分店，都会公布该店的利润、进货、销售和减价的情况，并且不只向经理及其助理们公布，而向包括计时工和兼职雇员在内的所有员工公布各种资讯，鼓励他们争取更好的成绩。沃尔玛认为员工们了解其业务的进展情况是让他们最大限度地干好其本职工作的重要途径。它使员工产生责任感和参与感，意识到自己的工作在公司的重要性，觉得自己得到了公司的尊重和信任，他们会因此努力争取更好的成绩。

（三）沃尔玛有一套完善的终身培训机制

沃尔玛有一套完善的终身培训机制，它的目的是帮助每一个员工真正实现自己的价值，而不仅仅是工作的机器。激发人的创造力比单纯驱使人

① 石吟. 沃尔玛的经营理念？[EB/OL]. [2017-05-23]. https://www.zhihu.com/question/21104161/answer/173446552；雨林霖. 沃尔玛本小利大的合伙人文化 [EB/OL]. [2007-05-10]. http://blog.sina.com.cn/s/blog_4ab186d4010008c4.html.

的劳动力要重要得多，沃尔玛甚至还专门开设了沃尔顿零售商学院，以培养表现优秀的人才。因此，沃尔玛的离职率在所有零售百货公司中是最低的，即使员工离职了，在他的心中永远对沃尔玛怀有一份感激之情。[①]

三、沃尔玛公司的经验与启示

（一）员工作为合伙人具有强烈的归属感

沃尔玛不把员工当作雇员来对待，而是视为合伙人和同事。领导、员工及顾客之间呈倒金字塔的关系，顾客放在首位员工居中，领导则置于底层。员工为顾客服务，领导则为员工服务。

管理者与员工的关系是伙伴关系，尽管名义上有职务大小的区分，但是每个人都是值得平等对待的伙伴关系。在后期，沃尔玛的员工合伙人计划落到实处，利润分享、雇员购股和损耗奖励等措施相继实施，在沃尔玛真正实现了责任共担、信息共享的合伙人共同体。

（二）将权力下放给每一位员工，让员工实现个人价值

沃尔玛将权力下放给员工，并授予决策资格，让其有权根据销售情况订购商品，并决定商品的促销策略。同时，其他员工也可以向经理们提出自己的意见和建议。

分担责任和分享信息是合伙关系的核心。要赢得员工的真正合作，仅靠口头承诺和利润分享还不够，还要在管理上真正落实员工参与。公司必须信任他们，然后才是检查他们。沃尔玛在每家店里都定期向全体员工公布该店的利润、进货、销售和减价情况。与员工分享信息的好处要远远大于信息因此而泄露给外人可能带来的副作用。沃尔玛抵制工会遭遇了很多批评，但事情的另一面是，沃尔玛能够长期地有效对抗工会，与其把员工当作合伙人、有一套完整的员工利润分享措施密切相关。

---

① 仲继银. 沃尔玛：双重合伙分享治理［J］. 董事会，2011（7）：96-98.

第五章　现代商贸服务企业合伙制商业模式创新与典型案例

"合伙人制+众筹制"是未来主流的商业模式。

——雷军（小米创始人）

第一节　合伙制商业模式创新分析

商业模式是公司追求价值创造和价值获取的独特逻辑。它描述了公司能为客户提供的价值以及实现其价值的内部结构、合作伙伴网络和关系、资本等。现代商贸服务企业合伙制实质是共享经济演进下的商业模式创新。可以预见，现代商贸服务企业合伙制管理将从组织、流程、分享机制等方面实现商业模式创新。

一、生态型组织创新

合伙人、平台公司、用户建立起互动的社群关系，形成从研发、制造到生产、使用的产业链条，形成生态型经济模型。合伙人模式将更有效地激发创新者能量和增强客户体验。在创造和传递客户体验的过程中，客户和供应商，甚至整个供应链的合作伙伴都参与进来。平台将逐步发展成为创新生态系统。商业企业传统的加盟更强调利益分割，而合伙制更注重价值共创。加盟制是典型的加法效应与规模经济，而合伙制是乘法效应与生态经济。例如中国第一家上市供应链企业怡亚通提出的全球供应链生态圈，体现了共生、共融、共享的生态特点。怡亚通公司把几十万个门店基于互联网连接在一起，称之为“N 个平台+N 个合伙人公司”。因此，它不仅仅是一个总部平台，而是连接了 N 个合伙人公司的 N 个平台。在这个平台上，每个小单位的资产又是独立的。

链接 5-1　互联网电商的生态转型①

互联网电商业内有这样一种说法：应用型公司值十亿量级，平台型公司值百亿量级，生态型公司值千亿量级。能满足用户特定需求的公司属于应用型公司，绝大部分公司归于此类；苹果、谷歌、阿里、腾讯这类公司则是生态型公司，市值在千亿美元以上；而美团则处在两者之间。美团要想从百亿量级跃升到千亿量级，关键就在两个字——生态。纵观国内外巨头企业的发展史，都离不开对生态的重视。亚马逊从电商起家，延伸到了云计算、硬件和物流，构建了巨大的生态系统，所以亚马逊虽然亏损多年、盈利艰难，依然持续受到追捧。阿里巴巴从 2007 年就提出生态企业理念，搭建平台开放资源让众多企业参与进来。马云曾说，阿里巴巴是由成千上万参与者共同建立的生态系统，阿里巴巴与中小企业在这个系统中得以共赢。2011 年起，腾讯也提出了与合作伙伴共同打造“没有疆界、开放分享的互联网新生态”，专注做链接，在与合作伙伴的协作中从一棵大树

---

① 云峯云岫. 美团点评“城市合伙人计划”：从百亿到千亿美金的纵身一跃［EB/OL］.［2017-02-23］. http://www.iheima.com/zixun/2017/0223/161435.shtml.

成长为一片森林。任何一个互联网巨头要想得到持续的发展，都要建立自己的开放平台，构建生态系统，在协作中得永生。马云由此说：因为是生态，所以能生生不息。

美团估值早已突破百亿美金，目前美团的活跃买家已经超过2.2亿，仅次于阿里巴巴，位居中国电子商务平台第二。这个时候，若美团开放自己的平台，把业务用城市合伙人的方式下放，就像阿里巴巴放开物流、腾讯开放游戏一样，能让各方都提高收益，提升平台效率，使美团向轻资产配置转型。美团宣布成立餐饮平台，通过开放平台连接社会资源；接着3个月后城市合伙人计划应运而生，成为美团“建平台、建生态”实施落地的一部分。城市合伙人计划是美团由自营为主转向“自营+代理”的一个重大转折点。该计划开始于2016年10月，最初放开的是全国基本未开发的584个县级城市，主要包括餐厅团购、推广、支付等业务；随后再次宣布开放623个城市，同年12月进一步放开843个县市，面向全国招募合作伙伴。

合伙人收入主要来自“团购毛利分成+考核奖金+其他产品”，申请人需要具备长期合作意愿、开拓市场能力和资金实力三个条件。实行合伙人计划对美团来说意味着什么呢？就像一只负重的狮子，把背上背的小狮子放下来，让他们自己行走，大狮子只负责领路。这样一来，大狮子脚步更加轻快，小狮子强大后再带领自己的小小狮子，一个庞大的狮子家族便形成了，生生不息，越走越远。从公司治理层面看，自营转代理能够简化公司内部结构，是公司的一次瘦身，有利于提高效率，降低成本。塑身后的企业能够将更多的精力用在创新和服务上。从企业发展层面看，一家企业要想做出伟大的成就，不可能单枪匹马全靠自己去做，众多小河汇成的江河才能拥有流入大海的力量。合伙人计划是美团组织结构的一次升级创新，为其更长远的发展注入活力。从产业层面看，开放平台是美团生态系统建设的重要一环，美团点评餐饮平台总裁王慧文在内部讲话中提到，构建“互联网+餐饮”的良好生态，能够帮助产业实现互联网化、数据化，驱动整个餐饮产业完成供给侧改革，让消费者享受更好的服务。孤木难成林，开放平台、以合伙制汇聚更多人参与“划桨”，能产生整体大于部分之和的共赢，轻装上阵带领合伙人实现双向价值。

从平台到生态系统，阿里巴巴、腾讯等都走过相似的开放路径；京东、小米等公司也都在为成为生态型公司选手努力填补短板；美团实施城市合伙人计划，构建互联网餐饮生态系统，是从平台向生态、从百亿到千亿的纵身一跃。

二、价值创造流程创新

（一）对价值主张的影响

“尊重个人、尊重顾客”的价值主张和理念越来越被现代商贸服务企业重视。随着互联网的应用和崛起，以连锁门店类企业为代表的传统企业的商业模式和商业环境都发生着剧变。部分企业把一线员工发展为门店合伙人，以实现利益共享、风险共担的创业机制，为人才提供创业平台，帮人才实现人生价值。合伙制促使一线员工不仅关注产品销售本身，更强调用户满意，将价值主张从产品价格优势、产品差异化转变为良好的用户体验、对客户结果负责。这是合伙制对商业模式创新的影响。近年来，在零售、医疗、餐饮、服务类等采用连锁门店经营的行业，除了构建品牌统一、资源聚合、服务标准化的连锁品牌外，越来越多的企业围绕着合伙人进行连锁，其本质在于建立一套顾客的快速反应系统和人才创业发展机制。

链接 5-2　沃尔玛的企业文化崇尚尊重个人

沃尔玛的企业文化崇尚尊重个人，不仅强调尊重顾客，为顾客提供一流的服务，而且还强调尊重公司的每一个人。沃尔玛是全球最大的私人雇主，但公司不把员工当作雇员来看待，而是视为合伙人和同事。公司规定对下属一律称同事而不称雇员。即使是沃尔玛的创始人沃尔顿在称呼下属时，也是称呼同事。沃尔玛各级职员分工明确，且少有歧视现象。领导和员工及顾客之间呈倒金字塔的关系，顾客放在首位，员工居中，领导则置于底层。员工为顾客服务，领导则为员工服务。接触顾客的是第一线的员工，而不是坐在办公室里的官僚。员工作为直接与顾客接触的人，其工作质量至关重要。领导的工作就是给予员工足够的指导、关心和支援，以让员工更好地服务于顾客。在沃尔玛，所有员工包括总裁佩带的工牌都注明"我们的同事创造非凡"，除了名字外，没有任何职务标注。公司内部没有上下级之分，下属对上司也直呼其名，营造了一种上下平等、随意亲切的气氛。这让员工意识到，自己和上司都是公司内平等而且重要的一员，只是分工不同而已，从而全心全意地投入工作，为公司也为自己谋求更大利益。

（二）对价值链的影响

价值链是指企业创造价值的相互独立又相互联系的一系列活动，构成了一个创造价值的动态过程。传统商业企业多注意从供应商那里获取利润，将竞争压力转移给供应商。在合伙制商业模式下，商业企业与供应商建立伙伴关系，联手创造竞争优势，把消费者的价值分析作为双方共同的工作重点，并一同纳入各自的战略规划中。例如，万科总裁郁亮提出"事业合伙人 2.0 或者 3.0 版本"，拟将项目跟投扩大化，把产业链上下游也变成合作伙伴，建立新型房地产生态系统。如果施工单位也成为事业合伙人，偷工减料的问题也许就能从根源上得到杜绝，工程质量得以保证。房地产本身是个资金密集型行业，如果买地时资金方面引入合伙制度，也能大大减轻成本。这相当于将产业链上的利益相关者发展为合伙人。

链接 5-3　酷铺商贸：构建全新零售经济生态圈

新零售环境下，实体商超的竞争说到底就是供应链的竞争。酷铺商贸合伙人计划通过资产等使用权的转移实现新零售环境下的共享经济，并通过供应链资源、信息资源和管理资源的分享，构建一个全新的零售经济生态圈。

酷铺商贸借助销大集集团股份有限公司旗下核心专业公司掌合天下、大集供销链的供应链优势，加快整合各类商品资源、渠道资源、物流资源、终端网点资源，搭建会员、信息、物流、商品、金融共享平台，形成贯通流通领域上下游的酷铺实体经销网，为加盟门店提供商品和顾客消费行为大数据分析、现代物流供应、移动端平台订货、互联网金融融资平台服务等各类加盟服务，为关联商家扩展渠道和收益，从而形成零售经济共享生态圈的良性循环。

三、价值分配机制创新

合伙制管理的目标是打造共创、共赢、共享的长效机制，把企业发展的内外要素整合起来，形成高效率的、具有独特核心竞争力的运行系统，并通过提供产品和服务，实现企业、员工、顾客多方共赢的局面。在合伙制下，资本、员工之间的利益分配更公平，员工获利空间更大。合伙制更好地满足员工对财务自由的追求，帮助员工在企业平台创业做“二老板”，成为既是职业经理人又是财富获得者的合伙人。因此，合伙制管理促使企业与个人形成“价值创造—价值评价—价值分配”的良性循环机制。

链接 5-4　海尔创新合伙人下的社群商业模式①

在“互联网+”逐步深入发展的背景下，社群经济成为企业开放创新模式的突破口。社群经济就是一群有着共同兴趣、认知、价值观的人们在一起互动、交流、协作，从而合力创造出价值。社群经济的本质是人与人的分享和共赢。企业搭建社群经济平台，一方面需要把握用户的需求，另一方面需要整合各方面优质资源，集众之所长。海尔开放创新平台 HOPE 作为全球领先的开放创新平台，经过多年的积淀，聚集了来自全球的 40 多万名解决方案提供者，并通过与全球各类创新平台合作，使平台资源量更加丰富。来自全球的用户与技术创新者在平台上进行技术交流，形成了以科技创新为驱动的庞大社群。那么，如何充分挖掘社群上创新者的价值，推动科技创新与用户需求的匹配？为此，海尔开放创新平台 HOPE，发布了创新合伙人计划（A 计划），对现有开放式创新模式进行升级迭代，围绕持续迭代用户最佳体验，将过去的从创新机构间的合作升级到以社群为主体的创新生态系统。创新合伙人模式将对海尔开放创新平台社群发展产生哪些影响？又将为海尔社群经济模式带来怎样的突破？海尔创新合伙人计划从模式、流程、组织、分享机制对现有平台进行了全面升级。主要体现在四个方面：一是模式升级，从机构合作升级到创新社群运营。随着平台的发展，越来越多的用户和技术创新人在海尔开放创新平台完成了对家电等产品的创造创新，海尔开放创新平台也从单纯的平台发展成为创新生态系统。创新合伙人的模式将更有效的激发创新者的能量，实现与海尔开放创新平台共创、共享、共赢。二是组织形式升级，创新合伙人计划通过对创新社群的运营，形成混沌而有序的组织形式。创新合伙人、海尔、用户通过 HOPE 平台建立起互动的社群关系，形成从研发、制造到生产、使

---

① 佚名. 海尔“创新合伙人”下的社群商业模式［EB/OL］.［2017-01-13］. http://news.xinhuanet.com/itown/2017-01/13/c_135979749.htm.

用的产业链条，形成社群经济生态模型。三是流程升级。海尔开放创新平台为创新者提供精准的用户交互、方案匹配；同时为颠覆性技术、创意转化提供了快速转化、孵化的流程；深度挖掘社群商业模式，推动科技创新的市场转化。四是机制升级。海尔创新合伙人模式打造共创、共赢、共享的机制，形成 HOPE 社群科技创新和应用的长效机制。海尔创新合伙人计划自开展以来，已经收到来自全球各地的用户、创新者及企业的反馈。他们认为这样的形式有助于快速、准确地实现技术与需求的对接，缩短了产品孵化的流程，有利于创造更好的产品体验，对创意和产品方案的转化有着极大的推动作用。可见，海尔创新合伙人模式通过开放的方式，为企业、用户以及创新合伙人带来共赢。海尔从用户需求到技术创新、企业以及合伙人共同协作，最终实现市场价值，形成了科技创新社群的生态闭环。创新合伙人模式下的海尔开放创新平台对经济效益、科技创新的驱动以及满足市场和用户需求，产生了不可估量的影响。海尔开放创新平台 HOPE，通过与全球伙伴知识共享、资源共享，建立专业领域的个人圈子，打造全球交互社区。

第二节 7-ELEVEN 案例①

一、案例背景

7-ELEVEN 公司是日本零售业巨头，世界最大的连锁便利店集团，在日本和全球拥有便利店、超级市场、百货公司、专卖店等。截至 2016 年，

① 颜艳春. 从利益共同体到命运共同体 7-ELEVEN 人效比肩阿里背后［EB/OL］.［2016-07-01］. http://www.linkshop.com.cn/web/archives/2016/352247.shtml.

7-ELEVEN 在全世界 17 个国家和地区拥有近 59 000 家店。7-ELEVEN 基本没有自己的直营商店，也没有一个工厂是自己的，更没有一个配送中心是自己的，为什么能成为零售巨头呢？这得益于 7-ELEVEN 具有合伙基因的共享经济平台。

7-ELEVEN 在日本的经营总面积 2 439 550 平方米，单店平均经营面积 131 平方米，全日本开有 18 572 家连锁店，其中直营店只有 501 家。在日本，每天有超过 2 000 万人次光顾 7-ELEVEN，享受 24 小时全天候和全渠道的便利服务。7-ELEVEN 日本公司从 1974 年创立以来，保持了连续 41 年的增长势头。一个看起来十分传统的便利店公司，居然能够长期屹立不倒。2016 财年，7-ELEVEN 日本公司 8 000 多名员工，令人惊奇地创造了近百亿元的利润；在全日本便利店市场份额超过 40%，是第二名的两倍。在集团旗下兄弟公司伊藤洋华堂、崇光和西武百货板块业务整体出现亏损的情况下，7-ELEVEN 贡献了集团 101% 的利润；净利润率高达 20.5%，超过全球所有零售企业（全球平均水平在 3%左右）。

二、7-ELEVEN 的合伙人运行机制

7-ELEVEN 是一个特许加盟连锁的利益共同体，更是一个命运休戚相关的命运共同体。7-ELEVEN 构造了一个相互依存的生态系统，用自己独特的价值主张，为每个合伙人打造了一个共享的平台。

1. 从利益共同体到命运共同体

7-ELEVEN 是一个特许加盟连锁的利益共同体，更是一个命运休戚相关的命运共同体。作为日本零售业最大的 B2B 共享经济体，7-ELEVEN 构造了一个相互依靠的生态系统。在这里，我们看不到冷血的无情厮杀，也听不到惨烈的战马嘶鸣。铃木先生“不战而屈人之兵”的智慧，团结了一大群热爱零售业的人们。7-ELEVEN 日本公司只聘用了 8 000 多名全职员

工，其余人员全部都是加盟店、制造商和供应商的雇员。日本总部商品部门只有150名员工，除去从事品质管理及原料调度的人员之外，实际担任商品开发工作的人约有100名，平均一个开发人员就能达成420多亿日元的业绩。他们不但需要进货，还要承担每年超过70%新商品开发和更新。7-ELEVEN日本公司在已经开店的区域中设有171家专用工厂，几乎所有工厂都是由制造商或供应商投资。

7-ELEVEN整个共享经济体的从业人员总数超过40万，其中在加盟店工作的人数超过30多万，服务于工厂、物流配送的人员有10多万。共配系统打破了制造商和企业之间的高墙，并且跨越了商品品类的框架，组成了共同配送的体系。7-ELEVEN根据商品的物流温度层和到货频率（比如一天配送三次的新鲜商品，或是一日一次、一周一次的配送频率）进行共同配送，所有东西都是可以共享的。7-ELEVEN既是共享顾客的平台，也是共享信息、共享物流、共享采购和共享金融的平台。无论是SEVEN银行、SEVEN网购或是SEVEN外送餐，还是策略联盟的供应商们，7-ELEVEN作为一个共享经济平台为所有参与方创造了巨大的商机。例如，亚洲最大服装零售商优衣库线上的订单，可以到日本大部分7-ELEVEN商店自提，顾客得到了极大的方便，消费者不用在家等收快递，可以就近选择离家或者办公地方最近的7-ELEVEN便利店收货。

7-ELEVEN将工厂、配送中心和加盟店与总部结为命运共同体。前者的利益就是后者的利益，后者的革新与前者的成果直接相关。在从事鲜食商品开发与生产的合作伙伴当中，一些曾经名不见经传的中小企业，在与7-ELEVEN合作后，实现了自我成长，甚至成为上市企业。

2. 小店赋能

7-ELEVEN拥有强大的赋能能力。7-ELEVEN在强大的供应体系、后台系统等连锁经营体系的支持下，能够对门店的商品开发、经营、商品陈列、物流和仓储等赋能，使这些看似平凡的门店获得更高的盈利，同时也减轻了采购、物流等负担。

为了应对市场复杂的变化，帮助各类门店不断成长，总部就要不断为这些门店赋能。铃木先生一直以来不仅把加盟店和总部的关系看作利益共同体，更看作同甘共苦的命运共同体。7-ELEVEN 提供了五项赋能给这 1.8 万多家小店主：商品开发赋能、经营赋能、IT 赋能、物流赋能和金融赋能。7-ELEVEN 与加盟店签订的合约中，有一个世界其他特许加盟连锁店大多都没有采取的“对加盟店有最低保证”的承诺条款。也就是说，假如加盟店的收入非但没有增加，甚至还低于标准的话，7-ELEVEN 总部不仅不向加盟店收取技术支持的费用，还对加盟店填补差额。这项承诺将总部的责任意识用具体的形式表现出来，而不只是精神理论而已。换言之，如果总部对加盟店的协助不力，无法使加盟店的业绩得到提升，总部就必须自己承担后果。总部对加盟店的经营扶持一旦奏效，加盟店的毛利有所增加，那么总部的净收入可以得到提升，得到不断发展；但如果各家加盟店业绩不佳，总部便也无法生存下去。这也就意味着，如果加盟店业绩成长，总部就会兴盛繁荣。因此，加盟店的业绩将最终左右日本 7-ELEVEN 总部的兴衰，7-ELEVEN 所有员工必须以协助各家加盟店生意兴隆为己任。在 7-ELEVEN 中，有一群工作人员，他们每人负责 7~8 家门店，从事一线门店经营指导的顾问工作，那就是 OFC（营运现场指导）。他们的职责就是专注为这些小店主提高经营赋能，帮助他们的门店一起成长。此外，铃木先生过去每周（现在为每两周一次）亲自主持全日本 OFC 齐聚东京总部的会议，每次均要求贯彻他的经营哲学。从始终坚持与一线员工面对面沟通这件事就可以看出，他对加盟店经营相关的信息是多么重视。

小店赋能所带来的成效显著。7-ELEVEN 单店的经营效益全球第一，平均每日接待客人超过 1 053 人，单店平均毛利率超过 30%，年均销售超过 1 300 万元，日均销售超过 3. 8 万元，大大高于日本同行，基本上是中国同行的 10 倍以上。中国特许加盟店铺数最多的美宜佳公司在 2015 年拥有 7 400 家，销售额 83 亿元，单店日均销售 3 082 元；中国销售额最大的中石化易捷开有 2. 5 万个加油站便利店，2015 年销售额 248 亿元，单店日均销售只有 2 717 元。

三、7-ELEVEN 的经验与启示

在中国，大部分零售便利店的盈利模式并不是跟加盟商进行利润分成，而是一种简单的逻辑，即把货卖给消费者，做大规模，去拿供应商的返利。这种模式相对粗犷，并且可持续性不强。反观 7-ELEVEN，公司将收益的大头分给了夫妻店，剩余收益为总部所得，使得各家夫妻店的工作热情得到极大的激发，在自身收益提高的同时使 7-ELEVEN 得到了持续性的发展。

第三节　阿里健康的药店合伙人计划

一、案例简介①

阿里健康是阿里巴巴集团“Double H”战略（Health and Happiness）在医疗健康领域的旗舰平台，是阿里巴巴集团投资控股的公司之一。凭借阿里巴巴集团在电子商务、大数据和云计算领域的优势，阿里健康以用户

① 佚名. 阿里健康和线下药店发起未来药店合伙人计划［EB/OL］.［2015-10-22］. http://tech.hexun.com/2015-10-22/180036642.html；佚名. 阿里健康启动未来药店合伙人计划 中国的“未来药店”什么样？［EB/OL］.［2015-10-22］. http://biz.zjol.com.cn/system/2015/10/22/020883526.shtml.

为核心，为医药健康行业提供全面的互联网解决方案，以期对现有社会医药资源实现跨区域共享配置，大幅提高就医购药的效率。目前，阿里健康开展的业务主要集中在产品追溯、医药电商、医疗服务网络和健康管理等领域。

中国互联网网民已经超过了 6 亿人，并且仍然在快速增长。日常衣食住行的绝大多数商品，我们都可以在互联网上购买。与这形成鲜明对比的是，中国 OTC 药品的网络渗透率不到 2%，远低于服装的 31%、化妆品的 20%，可供拓展的空间非常大。与此同时，中国药品电商交易额从 2011 年开始正经历着每年 150%的高速增长。时下，医药 O2O 是被资本看好的又一个行业热点。通过建立平台将线下零售药店和用户的关系进行捆绑是最主要的模式，但平台与合作药店如何分成、平台与平台之间如何竞争等问题将随着医药 O2O 的发展逐步显现。阿里健康拟通过和全国线下线上药店建立伙伴关系，与药店们共建“B2C+O2O”平台，从而打破当下药店的孤岛运营模式，让药店们借助阿里健康平台提供的流量、工具和服务，与医疗机构、第三方服务商等建立连接，逐步发展为新一代药店。

阿里模仿美国 CVS 公司推出了药店合伙人计划。2015 年 10 月末，阿里健康发布未来药店合伙人计划，与百余家药品零售企业共同分享了打通线上线下的“未来药店”模式。这种“未来药店”模式可以在今后将中国的几十万家实体药店延展为便利店、便民体检点甚至是社区中心，直接挑战了我国药品零售业的现有格局。公开资料显示，美国 CVS 公司运营着超过 5 400 家零售药店和专用药品店，其不仅销售处方药，还经营非处方药品、美容护理产品、胶卷与影像服务、季节性商品，甚至有贺卡、方便类食物等。除了网上药店，美国 CVS 公司还有线下的零售药店和专用药店，可以满足消费者的多重消费需求。2006 年，美国 CVS 公司通过收购诊所的方式把诊所开进药店。如此，消费者无须挂号预约，就能在药店里享受到费用低且绝大部分在医保范畴内的医疗服务。

二、未来药店合伙人计划的内容

未来药店合伙人计划主要包括四个方向①：

首先，合伙人药店背靠的是“B2C+O2O”平台云药房的延伸货架。当消费者在线下实体店没有找到所需药品时，线下药店可以介绍消费者到线上药店进行购买，若消费者成功购买，线下药店会获得收益。而如果线上消费者有紧急购药的需求，也将被优先推荐给所在区域的合伙人药店，消费者可以选择极速达配送或者自提迅速拿到所需的药品。

其次，阿里健康提供的会员营销体系和数据分析工具，能够为合伙人在开店选址、品类规划、精准营销等方面提供有效的建议。药店将能够对周边人群最常购买的药品以及常用品了如指掌，使得药品能够快速地进行配送和售卖。

再次，阿里健康会联动国内外生产、分销企业，为药店提供有竞争力的药品供应价格、物流配送服务、资金贷款、店员培训、药剂师咨询等配套支持服务，确保药店给予消费者优惠的商品、专业的咨询和有保障的配送服务。“合伙人药店将有更多机会获得阿里健康的兄弟企业如蚂蚁金服、菜鸟网络、口碑网的支持。”阿里健康董事康凯接受健康点采访时如是说。

最后，阿里健康所搭建的平台，不但打通了线上线下的药店，也接入了医疗机构、第三方医疗服务商、商业保险公司、可穿戴设备厂商等，给

---

① 佚名. 阿里健康和线下药店发起未来药店合伙人计划 [EB/OL]. [2015-10-22]. http://tech.hexun.com/2015-10-22/180036642.html；佚名. 阿里健康启动未来药店合伙人计划 中国的“未来药店”什么样? [EB/OL]. [2015-10-22]. http://biz.zjol.com.cn/system/2015/10/22/020883526.shtml.

药店拓展经营范围和创新运营模式创造了机会。

三、未来药店合伙人计划的实施

（一）阿里健康成立O2O药店先锋联盟①

药品购买具有很大的地域性，由此导致不同地域的消费者在购药品牌商的选择上有一定差异。这也造成目前国内没有一家连锁药店能够覆盖全国网络。连锁药店出现这种市场特征的另一大原因是因为上游企业相对分散。在美国，药厂、医药流通公司相对集中，而在国内，仅药厂就有4 000多家，医药流通公司更是多达1.3万家。这也是阿里健康成立O2O药店先锋联盟的初衷，即将全国各地相对分散的连锁药店联合起来，在互利共赢的前提下充分竞争。这次药店先锋联盟制定了“四通一达”的标准，即会员互通、服务互通、采购互通、商品线上线下互通、O2O快速到达。在新的标准下，首先需要统一的是系统。由于药店比较分散，使用的管理系统千差万别，因此无法打通彼此会员信息的共享。

通过阿里健康平台购药的用户需要提供相应的药事服务，可以与线下连锁药店实现远程在线问诊。采购互通即加入联盟的药店做集中采购，以获得具有价格竞争力的商品。假如有一家连锁药店想去大学校园里做促销，但是他不清楚应该卖哪些产品给学生，而阿里健康基于这些用户群体的购买数据可以给出相对精准的促销产品建议。

（二）与白云山的合作②

2015年10月22日，阿里健康在北京举行了“阿里健康未来药店合伙人计划”发布会。一个月后，白云山公司发布公告称，与阿里健康全资子

① 佚名．阿里健康突进医药O2O，联手65家连锁药店组建先锋联盟［EB/OL］．［2016-05-25］．https://www.sohu.com/a/77240374_251573.

② 佚名．阿里健康推进未来药店合伙人计划　与广药白云山达成深度合作［EB/OL］．［2015-12-02］．http://www.pharmacy.hc360.com.

公司阿里健康科技（北京）有限公司（“阿里健康北京公司”）于11月30日签订《开展全面深度业务合作协议书》。双方拟在医药电商、大健康产品及医疗健康服务方面开展合作，或可看作“阿里健康未来药店合伙人计划”的一次尝试。据公告显示，双方将具体展开以下三方面的合作：

（1）O2O业务合作。

白云山将自有的健民和采芝林连锁药房入驻到阿里健康北京公司的O2O平台，深度参与阿里健康北京公司的药店合伙人计划。阿里健康北京公司发挥自身流量优势、互联网技术优势和品牌影响力为药店导流，并结合其他业务资源在药店开展增值延伸服务。白云山方面则发挥采购、运营等方面的优势，与阿里健康北京公司共同对药店进行管理，并利用行业资源帮助阿里健康北京公司吸引更多药店加入。未来，双方还将共同探索未来药店的转型模式。

（2）处方流转合作。

在医改顶层政策支持医药分家的大背景下，双方共同探索处方流转模式。双方均具备一定的医疗机构资源，可进行深度开发。阿里健康北京公司利用自身技术力量和体系内的O2O、B2C药品销售平台，可以承载外流的处方，为C端提供产品和服务。该业务可借鉴国际经验，从常见慢性病用药等需求庞大、风险小、安全性可控的领域入手，减轻医院压力，方便患者及时购药，实现企业、医院、患者多方共赢。

（3）医保支付合作。

双方以广药健民现有的医保药品在线支付为基础，共同探索更广泛的医保在线支付领域，并在此之上对接医保控费、电子监管码等业务。这一方面为医院和患者节约时间、提高效率，提升用药和医疗服务的精准程度；一方面帮助政府节约资金，更好地开展公共卫生管理。

（三）与医院的合作

以阿里一贯做平台和基础设施的逻辑，阿里健康在医疗层面要成为医院信息化、智能化的方案提供商，以及医疗信息化技术公司输出服务的平台，最终提供给 C 端用户触手可及的智慧医疗服务。医疗产业链上的各个环节和参与者，都能通过阿里健康平台实现便捷接入并享受优质服务。

同时，阿里健康与上海交通大学医学院附属新华医院（下称上海新华医院）进行了深度的战略合作。阿里健康将致力于搭建医院混合云平台、云儿科医联体平台，开发医生智能培训系统、医学科研数据平台，实现院内就诊全流程移动支付等，从而打造出一个示范型的“智慧医院”。早在 2014 年，新华医院就正式启动了“手机医院”，市民可以在家用手机挂号、支付宝付费，到医院直接进诊室就诊。从最简单的挂号支付到人才培养、医疗科研及医联体建设，上海新华医院与阿里巴巴的合作越来越深入医疗体系内部。

阿里健康与浙江大学医学院附属第一医院构建了医学人工智能实验室，与浙江大学医学院附属第二医院搭建智能医学人才培训基地。医疗人工智能，成了智慧医疗专场中阿里健康合作的主旋律和主基调，也可看作阿里健康在下个发展阶段着力的重点。

第六章　现代商贸服务企业合伙制管理的未来趋势展望

第一节　平台型创业合伙制管理的广泛应用

一、基于创业合伙人的平台型企业将更加开放创新

经济新常态倒逼企业转型升级，打造创业平台成为必然趋势。无数的传统企业在新经济、新技术的冲击下，充满焦虑；过去的打法和管理模式慢慢地失效，盈利能力逐渐下降。而对于有了一定规模和积累的企业来说，必须转型升级，从产品经营升级为产业乃至产业生态经营。而在转型中，企业要成功，其核心是人才。资源、资本、地皮不再是竞争成功的根本要素，人才才是企业竞争胜出的根本。资源需要人才去经营，资本需要人才去使用和发挥效能。

平台型企业已经逐渐成为常态。企业正从单一产品或应用的开发发展到多产品或应用组合的平台，甚至发展为商业生态型组织，正诠释着商业社会的发展进步。打造平台型的企业成为企业未来竞争的常态。平台合伙

人的公司将比其他企业更开放创新。它打破了企业内部纵向决策、横向分工的组织体系，由公司建立支持平台，在平台上以合伙人牵头建业务团队。各业务团队独立决策、自负盈亏，合伙人对项目有充分决策权，享有相当的项目收益，因此工作积极性高，归属感强。公司的角色由领导者变成支持者和辅助者，为他们提供技术、人事、生产资料等支持，让人才以公司为平台进行内部创业。公司的角色由领导者变成支持者和辅助者。合伙人作为公司内部创业团体，在风险可控的情况下，拥有更大的经营自主权。

沿着事业合伙人的思想，有些企业将事业合伙人的范围扩展至企业所在产业链的利益相关者，从而形成一个生态体系。产业链上的供应商、经销商、外部的战略合作伙伴、其他的外部专家，不管什么样的角色，只要能给公司创造贡献，都可以纳入事业合伙制管理里面，按照所做出的贡献获取相应的价值分配。它的本质是让价值参与增值部分的分享。

合伙制是企业未来发展的标配，可以把企业发展成平台制和内部创业生态系统。组织变革，刻不容缓，让优秀的人才成为合伙人，实现人与人、人与平台、人与资本更好合伙。

二、组织“失控”将成为新常态

在企业向平台型过渡的过程中，“失控”将成为组织新常态。企业应适应“失控”与混序，鼓励内部市场化、允许内部竞争，不怕乱，乱才有未来。官僚式的、固化的组织流程已经不适应这个时代与转型需要。企业应让内部员工走向市场，去市场中磨炼能力，鼓励内部相互竞争。企业应将过往的公司绩效考核、公司人力资源管理转变为市场规则竞争、用户选择。这必然导致内部流程的失效与重塑，显得混乱。每个团队有每个团队的打法，企业不再有统一的业务层面的标准和流程，都让市场去检验。虽乱但乱中出人才，乱中取胜。正如凯文·凯利在《失控》一书中说的“传统组织结构将置企业于死地，未来的企业组织会更类似于一种混沌的生态系统”。合伙制度的推行打破了职业经理人天花板，改变以往以任务为导向的激励机制。执行合伙制度后，项目公司在业务环节拥有更多自主权。以前不管是什么投资项目，投资决策都由总部来定，总部会站在整个集团的层面通盘考虑问题。推行事业合伙制度后，每年的投资金额、开发规划、销售目标等开始由项目主任们自行决策，但是各个项目公司有自身的利益，个体利益的最大化未必是总体利益的最大化。这种合伙制的弊端是可能会造成混乱，各个项目公司之间会争夺资源。

三、人才竞争更加激烈

大众创业的时代已经来临，互联网技术、互联网思维为人们提供了创业的无限遐想。一线的从业者可以更直观地接触用户，更容易发现用户的需求与痛点；借助资本的力量、互联网的技术，适应新一代消费者的经营思维，去创业、去颠覆。在新经济时代，“战略—组织—人力资源”式的传统管理逻辑受到挑战，管理的重心应首先是人力资源，公司的战略、组织、资本等都要围绕着人才转。获得人力资源、配置人力资源、给人才提供平台是企业管理的发展趋势。合伙制的本质在于建立一套企业分配机制，转变职业经理人的身份，实现利益共享、风险共担的创业机制，为人才提供创业平台，帮助人才实现人生价值。

实施合伙制，一方面体现为对人才贡献和价值的一种认可，以及给予人才创造实际价值及合理回报的机制；另一方面对于企业来说，通过激发人才创造力，并将企业经营行为下放给合伙人团队，从而实现吸引和保有优秀人才的目的。企业通过组织形态、经营形态的转变，实现从产品型企业向平台型企业的过渡。

第二节　合伙制管理改革面临的机遇与风险

一、合伙制管理改革面临的机遇

（一）未来中国资本市场对同股同权原则的松动

在美国，人力资本高度密集的企业，采取了同股不同权的双层甚至多种股权构架。例如：谷歌、脸书等采用双层股权构架；Zynga 公司采取三层股权构架，其核心目的就是充分保障知识、技术和人力资本密集型公司的创始人或实际经营人员对公司的持续经营权，防止外部溢入资本过度干预和剥夺经营控制权而最终损害企业和最广大相关方的利益。我国的相关法律规制，也需要解放思想、推进制度创新，跟进时代发展的趋势和现实需求，强化人力资本在公司治理中的枢纽角色，强化经济主体之间订立契约的自发自主权，强化公司级契约（如公司章程）的优先效力。

上海证券交易所和清华大学 2012 年发布的一份研究报告称："股东大会中心主义在我国上市公司的实践已经呈现出不适应性，主要在于：第一，股东大会对上市公司经营管理事项享有各项决策权，但股东众多且比较分散，股东大会也不可能经常召开，因此众多的审议事项都要积攒到一次股东大会上进行决议，导致公司决策效率低下、贻误商机，最终的结果是股东大会形式化；第二，股东大会拥有公司经营方各主要事项的决策权，但是股东并不对其决定承担责任，因此实践中出现股东大会集体决策失误却无人承担责任的局面。"因此，该报告认为我国的上市公司股东大会制度应从立法上进行改革完善。随着中国存托凭证项目的推出，同股不同权等制度改革预期逐渐浮出水面。

（二）公司自治原则受到关注

股东一般可以通过章程和其他内部协议确立公司的治理结构和权力分配。公众公司因为向社会公开发行股票，必须给股东提供更加严格的保护。从一股一权到双重股权结构再到阿里合伙制度，其实质是在保障公司创始人团队能够专注于远期目标进行稳定经营并在一个透明、公正的资本市场之间取得适当的平衡。从各国的历史经验看，这种平衡是动态发展的，也和一国或地区的整体法律经济环境有关。香港证监会拒绝修订其上市规则以接纳阿里合伙制度，究竟是以投资人利益至上而做出的可贵的坚持，还是故步自封、落伍于时代发展的顽固抵抗，也许一直将有争议和不同的解读。同时，笔者也希望我国的公司法能够不断顺应资本市场的发展而进行完善和改进。在我国，合伙制度毕竟是一种新兴的公司治理制度，如何充分发挥其优势，积极应对弥补其缺陷，还需要一段时间的积累和摸索。相关配套设施的建立和完善，是使合伙制度能够长远健康持续发展的关键因素。

二、合伙制管理改革面临的风险

（一）合伙制管理改革中存在的问题

企业合伙人的改造效果突出，运行清晰、简单。但从其过程来看，企业又需要慎重实施。因为企业的思维、方法变了，企业将会面临新的挑战和风险。

合伙制管理的改造，关系着企业长期战略布局以及资本、组织运行模式的一系列调整，需要企业做大量的研究、沟通工作。具体来看，企业要明确以下几个问题：

（1）合伙人改造的战略动力。

由于经营模式发生了调整，企业价值创造方式也出现了变化，那么合伙人改造中的收益及风险在哪？未来企业的愿景规划是什么？这些都需要结合具体行业再做布局。合伙制是一种战略动力机制，不是一蹴而就，搞一套方案一推行就能解决企业所有问题。企业一定要把合伙制作为企业战略要素来看待。合伙制是一种企业成长和人才的发展机制，是一个设计企业战略创新、公司治理结构优化、组织与人的关系重构的系统工程，同时它也是一种新人才生态。因此，企业必须从战略角度去思考合伙制的问题。

（2）合伙人改造的组织策略。

合伙人改造的组织策略需要解决以下问题：存在多大的分享空间？整体改造还是局部改造？组织机构调整，需要打造一个什么样的平台总部？合伙人的组织模式是什么，与平台间是何种关系？上述问题与策略都需要结合具体企业来实施。

（3）合伙人改造的人才及文化策略。

合伙人改造的人才及文化策略需要解决以下问题：什么样的人能做合伙人？合伙人的责权利是什么、遵循何种规范？从哪儿引入合伙人、如何与合伙人达成利益之上的文化共识？这些需要结合具体的公司文化及行业属性。例如，王府井集团合伙制度的推行打破了职业经理人天花板，改变以往以任务为导向的激励机制。执行合伙制度后，项目公司在业务环节拥有更多自主权，提高了效率，减少了浪费。但合伙制也对具体操盘人的专业能力、管理能力提出了更多挑战，不能将经营重点放在完成短期经营任务上，而应着眼于长期发展。

（二）合伙人控制公司的制度保障缺失

合伙人赢得公司的控制权，福兮祸兮，众说不一。管理学界普遍认同，认为合伙人赢得公司的控制权彰显了企业家的价值；金融学界大多否决，认为合伙人赢得公司的控制权破坏了同股同权的资本市场的基本游戏规则。我们的观点：是否有利于企业发展，是否有利于股东价值最大化，是判断这件事的唯一标准。在普遍需要创新引领的今天，企业家拥有更大话语权，对企业发展是有好处的；长期来看，也是股东利益最大化的保证。合伙制度虽然不是产生于现代，但是在我国企业治理中还处于摸索阶段，相应的法律制度保障还比较缺失，这种企业治理模式应当何去何从还是个未知数。

（三）合伙人的信息披露需进一步加强

合伙制的施行不可避免地会造成代理成本的增加问题，这也是实施该制度的阻碍。委托代理问题产生的原因之一就在于信息的不对称，因此在实施合伙制度时更应该注意加强信息披露。当公司的控制权掌握在少部分人手中的时候，这些人对公司的发展就起到了至关重要的作用，进而他们的相关信息也是公司利益相关者最为关注的。因此，公司应当将每位合伙人的从业经历、职业背景、工作业绩进行具体披露。合伙人每一次选举的具体情况、合伙人候选人与其他合伙人的关系都应该披露出来。股东大会有权询问查看相关资料。美国的信息披露制度非常完善，这有利于股东全面了解公司的运营状况，并有助于公司良好发展。

参考文献

[1] 赵晶，郭海. 企业实际控制权、社会资本控制链与制度环境 [J]. 管理世界，2014 (9)：160-171.

[2] 周嘉南，段宏，黄登仕. 投资者与创始人的斗争：冲突来源及演化路径——基于我国公开冲突事件的案例分析 [J]. 管理世界，2015 (6)：154-163.

[3] 高闯，关鑫. 社会资本、网络连带与上市公司终极股东控制权——基于社会资本理论的分析框架 [J]. 中国工业经济，2008 (9)：88-97.

[4] 赵晶，关鑫，高闯. 社会资本控制链替代了股权控制链吗？——上市公司终极股东双重隐形控制链的构建与动用 [J]. 管理世界，2010 (3)：127-139.

[5] 孙露稀. 企业人力资本地位变革及其社会文化意蕴—基于有限合伙制私募股权基金治理模式的分析 [J]. 管理现代化，2014 (1)：72-74.

[6] 李寒冰. 一文读懂合伙制的过去、现实和未来 [J]. 中国机电工业，2016 (8)：68-70.

[7] 唐乐民. 时代呼唤合伙制 [EB/OL]. [2015-10-29]. http://

www.hejun.com/thought/point/201510/5445.Html.

［8］王悦. 唯有大开放 才有大发展——解密德邦事业合伙人计划［J］. 中国储运，2016（11）：54-55.

［9］蔡崇信. 阿里巴巴为什么推出合伙制度［EB/OL］.［2013-09-27］. http://finance.china.com.cn/roXX/20130927/1843154.shtml.

［10］周禹. 新合伙主义管理论：共生共享时代的企业制度升级［J］. 中国人力资源开发，2016（24）：30-38.

［11］张路. 公司治理中的权力配置模式再认识［J］. 法学论坛，2015（5）：86-93.

［12］郑志刚，邹宇，崔丽. 合伙人制度与创业团队控制权安排模式选择——基于阿里巴巴的案例研究［J］. 中国工业经济，2016（10）：126-143.

［13］陈琳琳. 员工持股：让老板欢喜让老板忧［N］. 南方都市报，2014-07-11（5）.

［14］佚名. 图解张玉良“秘密武器”：10 万元控制 188.8 亿资产［EB/OL］.［2014-03-09］. http://finance.ifeng.com/a/20140319/11928958_0.shtml.

［15］刘信中，潘婷. 浅谈合伙人制度在人才激励和内部管理方面的影响［J］. 工程建设与设计，2015（11）：16-17.

［16］杨丽曼. 基于公司治理角度的不同模式合伙制度研究［D］. 北京：北京交通大学，2016.

［17］BERLE A A，MEANS G. The Modern Corporation and Private Property［M］. NewYork：MacmiXXan，1932.

［18］SHLEIFER A，VISHNY R W. A Survey of Corporate Governance［J］. Journal of Finance，2012（2）：737-783.

[19] BHAGAT S, BOLTON B J, ROMANO R. The Promise and Peril of Corporate Governance Indices [J]. Columbia Law Review, 2008 (8): 1803-1882.

[20] GELLAN S L. Recent Developments in Corporate Governance: An Overview [J]. Journal of Corporate Finance, 2006 (3): 381-402.

[21] YOSHIKAWA T, RASHEED A A. Convergence of Corporate Governance: Critical Review and Future Directions [J]. Corporate Governance: An International Review, 2009 (3): 388-403.

[22] ADAMS R B, HENNALIN B E, WEISBACH M S. The Role of Boards of Directors in Corporate Governance: A Conceptual Framework and Survey [J]. Economic Literature, 2010 (1): 58-107.

[23] 郭伟. 关于事业合伙制的十个重要问题 [EB/OL]. [2017-01-30]. https://mp.weixin.qq.com/s? _biz = MjM5Njc3Mjk0Mg = = &mid = 2650395191&idx = 1&sn = b3aa1f74b5f7b015b4d86880eb80defb&chksm = bee95f16899ed600c31395e28978c061360e2755ab7b6eec96ce9a8f4e1662463288bed68e5a&mpshare=1&scene=1&srcid=0214av7gpW41efem3dkqE6Cy#rd.

[24] 姜博仁. 新合伙制：移动互联网时代的新型企业组织模式 [M]. 北京：人民邮电出版社，2016.

[25] 曾鸣. 智能商业 [EB/OL]. [2017-07-15]. http://www.jianshu.com/p/ea1e7d0f9482? from=groupmessage.

[26] 韩树杰. 人力资本时代呼唤合伙人制度 [J]. 中国人力资源开发，2015 (14): 3.

[27] 任梦醒. 公司高管合伙制法律问题研究 [D]. 成都：西南财经大学，2014.

[28] 孙静. 房地产公司激励策略的研究——基于K集团合伙人激励

计划的案例分析［D］. 长春：吉林大学，2015.

［29］夏惊鸣. 合伙机制不仅仅是一种激励机制，更是一种商业模式创新［EB/OL］.［2017-11-09］. http://www.sohu.com/a/203225843_343325.

［30］胡正梁，张帆. “新型合伙人制度”解析［J］. 山东经济战略研究，2014（7）：12-15.

［31］付博. 合伙人改造［J］. 商界评论，2014（12）：73-74.

［32］曾勇钢. 合伙制度与控制权之争［J］. 首席财务官，2014（4）：88-91.

［33］佚名. 干货！永辉合伙制度解析［EB/OL］.［2017-12-01］. http://www.sohu.com/a/207948949_823034.

［34］蔡余杰，纪海，许嘉轩. 合伙人制：颠覆传统组织架构的管理新思维［M］. 北京：当代世界出版社，2015.

［35］于晓娜，朱丽娜. 专访复星新生代管理层 构建多层次合伙制度合伙人有进有出［EB/OL］.［2017-03-30］. http://news.hexun.com/2017-03-30/188679908.html,.

［36］张希. 新业务的合伙人模式设计实践［EB/OL］.［2017-05-09］. http://news.hexun.com/2017-05-09/189111222.html.

［37］骆小浩. 上市公司控制权安排研究——以阿里巴巴合伙制度为例［D］. 广州：暨南大学，2015.

［38］陈维，张越，吴小勇. 零售企业如何有效激励一线员工？——基于永辉超市的案例研究［J］. 中国人力资源开发，2017（7）：110-122.

［39］宋香丽. 合伙人制度刍议［J］. 中国商论，2016（29）：97-98.

［40］李静宇. 我们需要怎样的合伙人模式［J］. 中国储运，2016（11）：46-48.

［41］李冰. 互联网思维下我国零售企业商业模式创新研究［D］. 长

春：吉林大学，2015.

［42］严若森，钱晶晶. 网络治理模式创新研究——阿里“合伙人”与海尔“小微创客”［J］. 科学学与科学技术管理，2017（1）：3-13.

［43］乔宇涵. 安家万邦：以创新平台为保障的合伙制管理［J］. 安家，2016（11）：12-15.

［44］刘光宇. 雇佣制度下企业痛点倒逼合伙人时代来临［J］. 安家，2016（11）：25-27.

［45］王强. 零售商业模式的创新［EB/OL］.［2013-12-30］. http://views.ce.cn/view/ent/201312/30/t20131230_2017297.shtml.

［46］佚名. 海尔“创新合伙人”下的社群商业模式［EB/OL］.［2017-01-13］. http://news.xinhuanet.com/itown/2017-01/13/c_135979749.htm.

［47］长江商学院. 中国在线零售业：观察与展望［R/OL］.［2014-01-17］. http://www.199it.com/archives/192819/html.

［48］汪旭晖. 自主创新：本土零售企业突围利刃［N］. 中国社会科学报，2011-04 -21（12）.

［49］陈皓. 合伙人时代：开启股权合伙创业新模式［M］. 广州：广东经济出版社，2017.

［50］张诗信，王学敏. 合伙人制度顶层设计［M］. 北京：企业管理出版社，2018.

［51］蔡余杰，纪海，许嘉轩. 合伙人制：颠覆传统组织架构的管理新思维［M］. 北京：当代世界出版社，2015.

［52］商务部. 中国零售行业发展报告（2016/2017 年）［R/OL］.［2017-07-03］. http://www.gov.cn/xinwen/2017-07/03/content_5207622.htm.

［53］彭虎锋，黄漫宇. 新技术环境下零售商业模式创新及其路径分析：以苏宁云商为例［J］. 宏观经济研究，2014（2）：108-115.

[54] 黄天龙，罗永泰. 电商化转型零售商的品牌权益提升机制与路径研究——基于双渠道品牌形象驱动的视角 [J]. 商业经济管理，2014 (4)：5-15.

[55] 浙江省商务厅. 电商换市深谋转型路 [J]. 浙江经济，2014 (13)：18-22.

[56] 张蓓. 构建我国零售业商业生态系统 [D]. 上海：同济大学，2007.

[57] 中国连锁经营协会，德勤会计师事务所. 中国零售业五大业态发展概况与趋势 [EB/OL]. [2014-09-15]. http://www.ccfa.org.cn/portal/cn/view.jsp? lt=33&id=416734.

[58] 平台型生态体系解析 [EB/OL]. [2016-02-24]. http://www.woshipm.com/operate/287547.html.

[59] 2014 年美国百强零售商排行榜 [EB/OL]. [2014-07-18]. http://www.askci.com/chanye/2014/07/18/164455vzct.shtml.

[60] 2014 年财富世界 500 强排行榜 [EB/OL]. [2014-07-07]. http://www.fortunechina.com/fortune500/c/2014-07/07/content_212535.htm.

[61] 胡维波. 美国零售全渠道转型战略及中国零售践行 O2O [R/OL]. [2014-04-02]. http://www.chinalabs.com/index.php? m=content&c=index&a=show&catid=19&id=4888.

[62] 王俊. 构建流通主导型国家价值链 [N]. 中国社会科学报，2013-11-18 (7).

[63] 彼得·德鲁克. 下一个社会的管理 [M]. 蔡文燕，译. 北京：机械工业出版社，2009.

[64] 曾敏，刘军，杨夏. 传统零售、电商、移动互联三种 O2O 模式对比 [EB/OL]. [2014-04-23]. http://www.linkshop.com.cn/web/

archives/2014/287498.shtml.

[65] 余旭辉. 苏宁：从横向竞争到纵向竞合 [J]. 21 世纪商业评论, 2006 (7)：65-69.

[66] 孙会峰. 零售 O2O 的六大难题和四大出路 [EB/OL]. [2014-10-10]. http://www.linkshop.com.cn/(kwthrmauciseeriqsdu1ui55)/web/Article_News.aspx? ArticleId=303430.

[67] 徐蔚冰. 中国零售业进入加速整合阶段 [EB/OL]. [2016-09-09]. http://news.hexun.com/2016-09-09/185956110.html.

[68] 顾国建. 当前零售业发展的几个问题 [J]. 中国食品, 2015 (20)：84-89.

[69] 凯利. 失控：机器、社会与经济的新生物学 [M]. 东西文库, 译. 北京：新星出版社, 2010.

[70] 王佳莉. 中粮集团"全产业链"战略研究 [D]. 北京：北京交通大学, 2011.

[71] 晏国文. 亿欧网盘点苏宁 O2O 六年转型之路 [EB/OL]. [2015-08-28]. http://ret.iyiou.com/p/20241.

[72] 周勇. 线上线下的冲突与融合 [J]. 上海商学院学报, 2013 (6)：6-9.

[73] 谢莉娟. 互联网时代的流通组织重构：供应链逆向整合视角 [J]. 中国工业经济, 2015 (4)：44-56.

[74] 汪旭晖, 张其林. 多渠道零售商线上线下营销协同研究 [J]. 商业经济与管理, 2013 (9)：37-47.

[75] 胡祖光. 中国零售业竞争与发展的制度设计 [M]. 北京：经济管理出版社, 2006.

[76] 袁平红. 全球流通发展新态势下的中国流通产业发展方式转变

[J]. 中国流通经济，2014（2）：26-35.

[77] 许金叶，许琳. 协同与管控：云端企业产业链生态系统的治理[J]. 财务与会计，2013（6）：46-48.

[78] 曹静. 基于产业融合的我国现代零售业发展路径研究 [J]. 上海商学院学报，2012（5）：39-45.

[79] 刘志彪. 重构国家价值链：转变中国制造业发展方式的思考[J]. 世界经济与政治论坛，2011（4）：1-14.

[80] 王伟，邵俊岗. 信息共享风险下的企业战略联盟稳定性分析[J]. 企业经济，2013（5）：26-29.

[81] 罗明新. 集团公司组织协同的动因及构建 [J]. 企业改革与管理，2008（2）：15-16.

[82] 陈学猛，丁栋虹. 国外商业模式研究的价值共赢性特征综述[J]. 中国科技论坛，2014（2）：23-25.

[83] 孙艺军. 大型零售商滥用市场优势地位及应对策略 [J]. 北京工商大学学报（社会科学版），2008（5）：11-16.

[84] 王为农，许小凡. 大型零售企业滥用优势地位的反垄断规制问题研究 [J]. 浙江大学学报（人文社会科学版），2011（8）：138-146.

[85] 姚宏，魏海玥. 类金融模式研究——以国美和苏宁为例 [J]. 中国工业经济，2012（9）：33-35.

[86] 苏宁云商董事会. 苏宁云商集团股份有限公司 2015 年度报告[EB/OL]. [2016-03-31]. http://disclosure.szse.cn/finalpage/2016-03-31/1202114924.PDF.

[87] 佚名. 做好合伙制的六种模式 [EB/OL]. [2017-08-11]. http://www.sohu.com/a/163808339_335296.

附　录

附录 1　阿里巴巴的合伙制度[①]

1. 湖畔合伙制度

阿里巴巴的合伙制度又称为湖畔合伙制度，该名称源自 2015 年以前马云等创始人创建阿里巴巴的地点 ——湖畔花园。

阿里巴巴的创始人自 1999 年起便以合伙人原则管理和运营阿里巴巴，并于 2010 年正式确立合伙制度，取名湖畔合伙制度。

湖畔合伙制度的产生有其历史背景。十几年前，当时的互联网企业估值不高但却有很高的融资需求，互联网企业创始人和核心管理层的持股比例被投资人大大稀释，当时的百度、腾讯也遇到过相同的问题。显然，今天“互联网 +”时代下的京东、陌陌明显不存在这样的问题。

在股权被高度稀释的情况之下，企业创始人和核心管理层要谋求对公司的控制和主导，就需要根据公司的具体情况来设计公司顶层架构。谷

① 谢玲丽，马俊龙，张东兰. 阿里巴巴合伙制度精析：打开公司的自治空间［EB/OL］.［2017-05-23］. http://www.sohu.com/a/142878196_143492.

歌、百度在美国资本市场选择了较为成熟的双重股权模式，而阿里巴巴则创设了湖畔合伙制度。

毫无疑问，湖畔合伙制度无法在中国当前的法制环境下直接复制，但却为我们提供了很好的定制公司的思路，尤其是在中国新型商事登记制度之下，新业态、新商业模式企业以及其他民营企业根据自身特点和诉求来定制公司是大有裨益的。

2. 合伙人的四个基本要求

①期限：合伙人必须在阿里服务满 5 年。

②持股：合伙人必须持有公司股份，且有限售要求。

③提名：由现任合伙人向合伙人委员会提名推荐，并由合伙人委员会审核同意其参加选举。

④表决：在一人一票的基础上，超过 75% 的合伙人投票同意方可加入。

四个基本要求是硬性条件，决定了新合伙人必须对阿里巴巴有价值和贡献而且必须获得现任合伙人的普遍认可。

3. 合伙人的两个弹性标准

①价值贡献：对公司发展有积极贡献。

②价值认同：高度认同公司文化，愿意为公司使命、愿景和价值观竭尽全力。

这两个弹性标准对于大多数民营企业来说并不陌生，我们往往在设计员工的股权激励时经常用到。

4. 合伙人的构成及现状

阿里巴巴目前总共有 30 名合伙人，主要是高管及核心子公司主要负责人。其中，有 3 名合伙人具有法律背景和法律专业能力。阿里巴巴的合伙人主要是高管及核心子公司主要负责人，如：阿里巴巴董事局主席马云、董事局副主席蔡崇信、首席执行官陆兆禧、小微金服集团董事长彭蕾等。

5. 合伙人的基本构成原则

阿里巴巴的合伙制度无固定人数，名额将随着成员变动而改变且无上限。

合伙人存在分级，即永久合伙人及非永久合伙人。除马云和蔡崇信为永久合伙人外，其余合伙人的地位与其任职有关，一旦离职则退出合伙人关系。

合伙人的人数没有上限是极为重要的。这是合伙制度中激励机制部分的核心，更打通了合伙人的进入与退出通道。

6. 合伙人的提名权与任命权

合伙人享有提名权和任命权，这是合伙人与大股东协商的结果。阿里巴巴合伙人拥有了超越其他股东的董事提名权和任免权，控制了董事人选，进而控制了董事会。

（1）合伙人拥有提名董事的权利。

（2）合伙人提名的董事应占董事会人数一半以上（不含本数），因任何原因董事会成员中由合伙人提名或任命的董事不足半数以上时，合伙人有权任命额外的董事以确保其半数以上董事控制权。

（3）如果股东不同意选举合伙人提名的董事，合伙人可以任命新的临时董事，直至下一年度股东大会。

（4）如果董事因任何原因离职，合伙人有权任命临时董事以填补空缺，直至下一年度股东大会。

英美法系的法律制度以董事会中心主义为公司法基本原则，即公司以董事会为中心构建一系列的权利机制、责任机制、激励机制和约束机制。阿里巴巴合伙制度通过合伙人的提名权和任命权实现对董事会的控制，显然是该制度的核心。

7. 合伙人的奖金分配权

阿里巴巴每年会向包括公司合伙人在内的公司管理层发放奖金。该奖金属于税前列支事项。这意味着合伙人的奖金分配权将区别于股东分红权，股东分红来自税后利润，而合伙人获得的奖金将作为管理费用处理。

8. 合伙人委员会的权利

合伙人委员会是阿里巴巴合伙人架构中最核心的机构，控制着合伙人的审核及选举事宜。合伙人委员会共 5 名委员：马云、蔡崇信、陆兆禧、彭蕾及曾鸣。委员会委员实施差额选举，任期 3 年，可连选连任。

合伙人委员会享有三项主要权利，包括：

（1）审核新合伙人的提名并安排其选举事宜；

（2）推荐并提名董事人选；

（3）决定薪酬委员会分配给合伙人的年度现金奖励。

9. 合伙制度的修改程序与稳定性

公司治理结构和治理机制的设计，必须要保持一定的稳定性且不易被篡改，否则形同虚设。通过董事会层面和股东层面的多重机制设置，阿里巴巴合伙制度异乎寻常的稳定。

（1）董事会层面。

对阿里合伙协议中关于合伙关系的宗旨及阿里合伙人董事提名权的修订必须经过多数独立董事的批准。对合伙协议中有关提名董事程序的修改则须取得独立董事的一致同意。该类董事应为纽约证券交易所公司管理规则 303A 中规定的独立董事，且非由合伙人提名或任命的董事。

（2）股东会层面。

公司章程确定的阿里合伙人提名权及相应条款，只有在出席股东大会的股东所持表决票数为 95%以上同意的条件下，方可通过。阿里巴巴的创始人和管理层持有不超过 13. 5%的股权，而且不存在表决回避制度的问题，这就意味着阿里巴巴合伙制度牢不可破，其他人基本很难修改这一制度。

10. 合伙人与大股东的协议安排

每个制度本身有利有弊，它必须获得包括大股东在内的主要利益相关者的认同。这不仅是商法基本原则的要求，也是公司作为一个组织的必然选择。

阿里巴巴合伙人通过与大股东的协议安排，强化了其对公司的控制权。在公司基本面无根本变化的情形下，这一协议安排将得到持续尊重。

阿里巴巴合伙人与软银、雅虎的协议安排：

（1）软银承诺在股东大会上投票支持阿里巴巴合伙人提名的董事当选，未经马云及蔡崇信同意，软银不会投票反对阿里巴巴合伙人的董事提名。

（2）软银将其持有的不低于阿里巴巴 30%的普通股投票权置于投票信托管理之下，并受马云和蔡崇信指示。鉴于软银有一名董事的提名权，马云和蔡崇信将在股东大会上用其所拥有和支配的投票权支持软银提名的董事当选。

（3）雅虎将动用其投票权支持阿里巴巴合伙人和软银提名的董事当选。

附录 2　重庆××大药房连锁店合伙人合作机制[①]

作为重庆药房连锁行业一支新秀，重庆××大药房连锁通过一年的筹备与践行，不断完善了连锁药房运营必备的八大管理系统。公司基于战略发展及市场环境为合伙人提供两类合作机制，以供选择。

1. 独资加盟模式

权利与义务：

①管理权与经营权归合伙人所有。

②全部销售商品都在重庆××大药房有限公司购进，公司免收商品运输费。

③各个门店 ERP 软件由公司提供，站点费用由各个门店承担。

④各个门店财税相关工作由公司负责，免收因此产生的一切费用；各个门店账务由门店独立做账。

⑤各个门店因电子商务产生的应有收益及成本归各个门店所有，各个门店的后台策划及后台运营费用全免。

2. 712 合作模式

出资与分红：药房每月在支付完相关费用并与公司财务对账后，利润总结余根据分红比例，将于次月 25 日前汇入合伙人指定银行账户。各门店财务报表由合伙人，或合伙人授权人填写。出资与分红比例见表 1。

---

① 佚名. 连锁药房合伙人招募正火热进行中［EB/OL］.［2017-01-18］. https://youwahou.kuaizhan.com/55/11/p40046473536988.

表 1　　　　　　　　　　出资与分红比例

股权人	资金投入比例	纯利润分红比例	所属门店股权比例
合伙人	48%	70%	48%
所属门店店长	0	10%	0
重庆××大药房有限公司	52%	20%	52%

权利与义务：

①免收门店筹办、资质办理、VI 设计规划、员工招聘、员工职业规划及实现、OA 系统、商品结构调整所产生的人力资源费用。

②任何商品自出库时起 3 个月内无条件退货。非门店意愿，6 个月以内有效期商品不出库；6~12 个月有效期商品不超过 5%。

③全部商品都在重庆××大药房有限公司购进，免收商品运输费。

④合伙人可推荐所投资药房的店长与店员人选，经公司面试、聘用后上岗。

⑤各个门店由公司统一管理，免收所有管理费用。

⑥各个门店开展的活动，公司免收活动策划及推广人员费用；活动中产生的连锁推广人员出差食宿费用、礼品及一次性物品由各门店承担。

⑦医保产生金额当月结算。医保未结算金额由公司垫付给各个门店。

⑧各个门店财税相关工作由公司负责，免收因此产生的一切费用；各个门店账务由门店与公司分别做账，月底核对。

⑨药品质量及 GSP 规范指导工作由公司全权负责。

⑩合伙人有义务推荐适合开办药房的经营地址。

3. 回购 & 退出机制

当公司筹备上市或进行其他重大改革时，合伙人应主动配合公司。公司亦将用回购计划回购所有股份。

（1）独资加盟模式。

如因市场环境因素或其他因素导致独资加盟店出资人出售或转让门店，重庆××大药房有限公司愿优先收购该独资加盟门店（具体细节由双方协商处理）。

（2）712 合作模式 & 收购合作模式。

① 公司与合伙人共同协商决定门店估值。

② 在限定时间内合伙人选择回购方式。

a. 以股换股（推荐）：将合伙人在门店的股份按门店估值、股份份额折合成具体金额，按即将上市公司的实际估值进行入股；合伙人享有即将上市公司的同等比例股份的分红权，股权（表决权）以公司代持处理。

b. 以股换金：将按门店的估值按照占股比例计算，公司以货币的方式全额收购合伙人股份。

c. 以金换店：将门店的估值按照占股比例计算，合伙人以现金的方式全额购进公司所占股份，并退出重庆××大药房连锁。

（3）退出机制。

为使新开门店顺利过渡控损期，双方约定自注册之日起一年内不得退出。若一年后合伙人提出终止合作，公司按投资金额减去亏损及折旧金额收购其所持股份。

附录3　某公司合伙人治理制度实施方案①

一、总则

（1）合伙人治理制度是当今最先进的企业治理制度创新，过去数年中，已经在一些互联网巨头企业获得成功实践，帮助公司从创业阶段到做大做强。合伙人治理制度并非公司的组织形式，即不能理解为公司是合伙制企业，而只是在有限责任公司或股份公司里实行创新的治理制度。该治理制度为了表达核心团队的责任感而借用了合伙人的名称。

（2）本实施方案是指由××公司及其相关业务、许可等承载实体（以下简称“公司”），在结合自身的实际情况下，在初创阶段就通过授予核心团队员工拥有本公司股权，并授权专业团队制定公司战略方向、发展策略，参与经营决策，按股份享受有长期利益的公司治理方式。

（3）推行内部合伙制度目的在于：

① 实现公司治理模式的突破，通过共同创业的方式凝聚核心员工，激励核心团队，解决核心团队的稳定性、创造力以及克服困难的决心；

② 让核心团队的专业人士拥有较大的战略决策权，减少内外部短期波动影响，确保客户、公司以及所有股东的长期利益；

③ 公司不会因为任何人员的离开，影响公司的文化及价值观的形成。

（4）合伙人是指认同公司文化，具备公司所需重要能力，并获得股权

---

① 佚名. 关于合伙人创新治理制度的实施方案［EB/OL］.［2016-04-05］. https://www.ggdoc.com/5LuA5LmI5piv5aSW6 YOo5ZCI5LyZ5Lq60/MWM1YTY0Y2YwNzIyMTkyZTQ0MzZmNjMz0/1.html.

奖励的员工，合伙人对公司负共同创业、共同经营、共担风险之责任，原则上公司只接受参与实际经营管理的人员为合伙人，不接受纯投资者为合伙人。

（5）为提高公司决策效率，公司成立合伙人委员会。合伙人总数在20人以内时，所有合伙人默认进入合伙人委员会（以下简称为合委会）；当合伙人总数超过20人时，合委会采取委员选举制，除默认进入合委会的人选外，其他人选按选举得票数量从多到少的顺序当选为合委会委员，直到满额。

（6）合伙制度的实施遵循以下原则：

① 循序渐进原则，即需要通过一定的周期考验是符合条件的；

② 公开、公平、公正原则，对股东、董事会、整个团队都透明并接受监督；

③ 收益与风险共担，收益延期支付原则，即强调绩效导向的考核方式；

④ 能力配比、增量激励的原则，即建立合伙人的能力模型，保证优选。

（7）公司的主要股东和投资者授予合委会董事提名权，通过公司章程和股东协议保障合委会具有二分之一以上的董事提名权。合委会提出董事提名以后，由股东大会按章程和法规进行任命。如因任何原因董事会成员中由合伙人提名或任命的董事不足半数时，合伙人有权任命额外的董事以确保其半数以上董事控制权；如果股东不同意选举合伙人提名的董事人选，合伙人可以任命新的临时董事，直至下一年度股东大会；如果董事因任何原因离职，合伙人有权任命临时董事以填补空缺，直至下一年度股东大会。

（8）本制度实施意在逐步构建符合公司实际需要的合伙人经营治理模

式和团队合作习惯，并不改变公司任何其他性质，亦不影响股东除董事提名权外的任何权益。

（9）如因未来公司需要，IPO 的目标证券市场不接受合伙人治理制度，则经合委会一致通过后进行改制，以适应 IPO 的目标。

二、合伙人产生

（1）合伙人分成二类：创业合伙人及聘任合伙人。

（2）创业合伙人：经公司确认的首期合伙人均为创业合伙人。创业合伙人总数不超过 10 人，创业合伙人只要在公司任职即拥有合伙人身份，一旦离开公司则合伙人身份自动失效。

（3）聘任合伙人：第二期及以后加入的合伙人为聘任合伙人。聘任合伙人必须从管理层中由合委会投票产生，每两年重新投票决定是否续任，聘任合伙人一旦不担任管理岗位则合伙人身份自动失效。

（4）聘任合伙人要同时满足以下准入条件：

① 在公司任职 1 年以上，公司稳定后将提高任职时长要求；

② 职级 M6 及以上，并符合岗位任职资格条件；

③ 有成为合伙人的意愿，认同公司价值取向，具备长远眼光和较强的创业欲望。随着公司的成熟，合委会将不断调整优化此项准入条件。

（5）吸纳聘任合伙人的基本程序：

① 1 个或多个合伙人委员向合委会提出申请；

② 由合委会秘书对申请进行初审，确认是否符合基本准入条件；

③ 合伙资格初审通过后，合委会委托不低于 3 名合伙人委员进行面谈评估，并向合委会提交面谈结果；

④ 提交合委会投票决议，投票中获得三分之二及以上的赞成票表示决议通过；

⑤ 成为聘任合伙人，行使合伙人权利，承担合伙人义务。

(6) 公司发展壮大后，将衍生产业链上的各个公司，合伙人和合委会将同时延伸至相应控股公司或实际控制公司，具体组织方式将根据实际情况由合委会决定。

(7) 合委会负责起草相关文档并实施所有操作细节。合委会设秘书一名，跟进合委会的文档工作和流程工作。合伙人相关或合委会相关的所有文档及事项均按涉密处理，合委会秘书是唯一出口，只有经合委会投票同意，合委会秘书方可在授权范围向特定外部对象或公众分享相关信息。未经上述程序，合伙人不能私自对外分享任何相关文档或事项。对股东会、董事会、监事会等内部机构，不受上述约束。对于上述的机密文件，股东(会)、董事（会)、监事（会）以及任何可能接触到合委会文件资料的内部人员，在需要对外部进行信息分享时，均应遵守公司保密规定，并且只能通过合委会秘书实施操作。

三、合伙人的权利和义务

(1) 合伙人权利。

① 重大事项表决权。

② 重大事项建议权。

③ 监督公司内部机构活动合规性及合理性。

④ 分配更多的长期利益。

⑤ 提议召开合委会。

⑥ 股东授予合委会的其他权力。

(2) 合伙人义务。

① 遵守公司章程及各项制度。

② 履行合伙人分管职能，完成合委会决议分管或上级分配的工作任务

或业绩指标。

③ 按时出席合伙人会议，就公司经营发展出谋划策。如果连续 3 次或累计 5 次未出席合伙人会议，合委会有权暂停其合伙人资格并进入审查阶段，审查未通过的即失去合伙人身份。

④ 接受制度约束，接受根据个人绩效和公司需要而进行的职务调整。

⑤ 严格保守公司商业机密。

⑥ 严格保守合伙人及合委会的所有机密。

⑦ 遵循合伙人内部平等、负责、开放、透明的沟通方式。

⑧ 合委会规定的其他的义务。

（3）下列事项应当经合委会投票决议。

① 公司战略及运营策略的制定。

② 公司薪酬政策。

③ 公司期权发放及管理制度。

④ 提名董事会过半数董事人选。

⑤ 合伙人的产生和退出。

⑥ 合伙人在表决时实行一人一票制，当表决票数出现对等僵局时，合委会将授予公司 CEO 额外一票。

⑦ 合伙人不得用不正当的手段拉票。

（4）董事长保障条款。

① 合委会通过董事会保障只能选举公司创始股东×××先生为公司董事长，直至公司因 IPO 被整体收购，或合伙人治理制度停止实施。

② 董事长每个自然年有两次机会一票否决合委会通过的决议，不能跨年度累计使用。被否决的决议，合委会在三个月内不得重新进入表决程序，并计一次否决权已用。

（5）股东（会）、董事（会）、监事（会）知情权保障条款。

合委会及合伙人承诺保障股东及股东会、董事及董事会、监事及监事会的知情权、监督权按公司法及各相关法规实施。

（6）合委会负责起草实施合伙人工作条例。

四、合伙人退出

（1）合伙人主动退出。

当事人书面向合委会申请提出。

（2）合伙人被动退出。

① 因离职自动退伙。

② 因解聘自动退伙。

③ 被合委会通过二分之一投票决策要求退伙。

④ 丧失行为能力或死亡。

（3）合委会负责起草并实施合伙人退出的实施细则。

五、合伙人的持股说明

（1）本着认可专业团队智力价值的精神，公司建立占总股本××的股权奖励池，其中奖励 CEO 10%股权，创业合伙人每人 1%股权（不含原始股东），股权一次授予，分 4 年按每年 25%行权，剩余部分作为聘任合伙人及骨干员工的期权池。

（2）合伙人共同成立一家合伙企业，代所有合伙人及员工持有公司及其衍生体××的股权。

（3）除原有股东和公司 CEO 持有普通股，其他创业合伙人及期权池的奖励性股票均为不参与股东会投票的限制股，其投票权均委托合伙人持股企业行使。

（4）合伙企业代持××的股权随着融资进行同等稀释。

(5) 公司期权分配方式由合委会制定细则并实施。

六、附则

(1) 本方案的修改和解释权归公司合委会所有。

(2) 方案未尽事宜及实施细则，由合委会制定并审批。

(3) 本实施方案主要内容将通过合作协议进行约定并写入相关公司管理章程并不可撤销，以从法律上保障制度的长期稳定。